编委会

主　编：张　春

副主编：胥执东　刘　洋　彭艳蛟

编　委：邓　剑　张　东　颜　丽　成劲松　谢　英
　　　　张继云　唐永顺　赵　婷

成长的力量

孩子自主成长的内驱力

张 春 ◎ 主编

幸福
乐观
情绪智力
坚毅　　　　自尊
希望

生存的需要　　　关系的需要
发展的需要

四川大学出版社
SICHUAN UNIVERSITY PRESS

图书在版编目（CIP）数据

孩子自主成长的内驱力 / 张春主编. — 成都：四川大学出版社，2024.4
（成长的力量）
ISBN 978-7-5690-6748-4

Ⅰ. ①孩… Ⅱ. ①张… Ⅲ. ①儿童教育－家庭教育 Ⅳ. ①G782

中国国家版本馆CIP数据核字（2024）第076455号

书　　名：孩子自主成长的内驱力
　　　　　Haizi Zizhu Chengzhang de Neiquli
主　　编：张　春
丛 书 名：成长的力量

丛书策划：张伊伊　周　艳
选题策划：张伊伊　周　艳
责任编辑：张伊伊
责任校对：周　艳
装帧设计：墨创文化
责任印制：王　炜

出版发行：四川大学出版社有限责任公司
　　地址：成都市一环路南一段24号（610065）
　　电话：（028）85408311（发行部）、85400276（总编室）
　　电子邮箱：scupress@vip.163.com
　　网址：https://press.scu.edu.cn
印前制作：四川胜翔数码印务设计有限公司
印刷装订：成都金龙印务有限责任公司

成品尺寸：167mm×236mm
印　　张：12
字　　数：191千字

版　　次：2024年4月 第1版
印　　次：2024年4月 第1次印刷
定　　价：68.00元

本社图书如有印装质量问题，请联系发行部调换

版权所有 ◆ 侵权必究

扫码获取数字资源

四川大学出版社
微信公众号

总 序

人本主义心理学家罗杰斯（Carl Ranson Rogers）曾经讲过这样一个故事：

> 记得我小时候，家里把冬天吃的土豆储存在地下室的一个箱子里，距离地下室那个小小的窗户有好几英尺。生长条件相当差，可是那些土豆竟然发芽了——很苍白的芽，比起春天播种在土壤里时长出的健壮的绿芽是那么的不同。这些病弱的芽，居然长到两三英尺长，尽可能地伸向窗户透进光线的方向。它们这种古怪、徒劳的生长活动，正是我所描述的趋向的一种拼死的表现。它们也许永远无法长大成株，无法成熟，永无可能实现它们实有的潜能，但是即使在如此恶劣的生长条件下，它们也要拼死地去成长。生命不知道屈服和放弃，即便它们得不到滋养。

罗杰斯的故事让我们感受到生命的顽强，一颗种子需要适当的水分、空气、肥料，园丁需要在特定的时间段内抓虫、修枝、移植，在这些因素的共同作用下种子才会萌芽、成长、开花、结果。如果没有这些因素，种子可能永远无法长大，无法实现它们实有的潜能。

培养孩子的过程，从某种方面来讲就是让"种子"长大的过程。在养育孩子的过程中，我们就像园丁一样，首先需要了解孩子的本性，知晓这颗"种子"的类别，我们不能期待一颗花生种子成长为玉米。其次，我们要明白这颗"种子"适合的土壤、温度、湿度和肥料，正如花生和玉米需要不同的成长环境。还有，我们需要无条件接受孩子的本来面貌，看到孩子的优势和长处，而不是紧盯着缺点和不足。

本套丛书就是一套"园丁"手册，力求手把手地教会家长如何培育"种子"。课题组基于二十余年在一线从事家庭教育、心理健康教育和学校教育工作的经验，提出了孩子成长的"三力"模型：内驱力、影响力、源动力。本套丛书共包含三册，第一册《孩子自主成长的内驱力》聚焦孩子自主成长的三种需要：生存的需要、关系的需要、发展的需要，让家长了解孩子成长的内部动力；第二册《孩子健康成长的影响力》聚焦孩子健康成长的核心影响力——爱，述及十二种积极因素：爱、积极关注、倾听、理性平和、共情、包容、接纳、利他、勇气、无条件信任、积极期望、积极暗示，让家长了解影响孩子健康成长的诸多因素；第三册《孩子积极成长的源动力》聚焦孩子终身成长的五大要素：希望、积极自尊、坚毅、乐观和积极情绪，让家长了解如何促进孩子终身成长。

黎巴嫩诗人纪伯伦在其诗作《论孩子》中写道：

你们的孩子，都不是你们的孩子，乃是"生命"为自己所渴望的儿女。他们是借你们而来，却不是从你们而来，他们虽和你们同在，却不属于你们。

让我们一起用心建设出百花齐放的花园。

序言　成长的力量与自主的选择

在这个快速变化的世界中，我们的孩子面临各种挑战，本书尝试提供一种全新的视角，帮助家长去理解和促进孩子健康成长。孩子们是否拥有自主成长的力量？如何引导孩子实现自主成长？本书认为，孩子们是能够在内驱力的驱动下自主成长的。然而，这需要我们为孩子们创造一个良好的成长环境，满足孩子成长的需要。

自主成长、内驱力与需要，这三个概念共同构成了本书的核心。

自主成长是指孩子可以依据自己的意愿主动探索、学习和成长的过程，以孩子为本的动机、目的和方法都符合自主成长的特点。

内驱力是指驱使有机体产生一定行为的内部力量，是在需要的基础上产生的一种内部唤醒状态，驱使个体追求内生目标。

需要是孩子在成长过程中，力求获得满足的心理倾向。它是外部环境条件的要求在头脑中的反映，是与生俱来的基本需求。

这三个概念的结合，为我们提供了一个全面的框架，帮助我们更好地理解孩子们的成长过程。从进化心理学、遗传学角度来讲，所有人都存在向上成长的内驱力。内驱力对个体的行为和成就有着重要的影响，它是由个体内部的需求等因素所驱使的，可以激发个体的积极性、创造力和动力，使其更加努力地追求人生目标、实现自主成长。

我们在长期的研究和工作中发现，当孩子成长的需要没有被满足时，可能会引发一系列问题。如：孩子成长过程中没有得到足够的关怀和认可，他们可能会出现不安全感，对自己的价值感到怀疑，自信心受到打击；在成长过程中没有得到充分的社交经验和关系支持的孩子可能会面临社交障碍，缺乏与他人建立健康关系的能力，导致产生孤独感。未满足的成长需要还可能导致孩子遭遇焦虑、抑郁、愤怒等情绪困扰，妨碍他们发挥自己的潜力，没有足够的心理资源去追求自己的理想和目标，甚至可能导致孩子出现心理问题，无法有效应对生活中的挑战。为了促进孩子的健康成长，我们应该关注他们的需求，提供恰到好处的支持和关怀。

本书参考了克雷顿·奥尔德弗（Clayton Alderfer）提出的新人本主义需要理论，将孩子成长的需要分为生存的需要、关系的需要和发展的需要，这些需要就是内在驱动力，它们逐步帮助孩子实现自我成长。孩子在成长过程中，如果基本需要未被满足，可能会导致一系列问题，包括心理问题、人格健全受影响以及后期发展力量不足等。

本书提出了培养孩子自主成长内驱力的思路——通过满足孩子的需要，激发他们的内驱力，最终促进孩子的自主成长。每一章都围绕一个特定的需要展开，配有生动的案例和研究数据，具有实践指导意义。这样的安排使得本书既适合教育工作者阅读，也适合家长阅读，能为他们在引导孩子自主成长的过程中，提供有效的指导和启示。

根据发展心理学家布朗芬布伦纳（Urie Bronfenbrenner）提出的生态系统理论，个体的心理发展受到以个体为圆心扩展开来的嵌套式环境系统的影响。对于孩子的心理发展而言，家庭及社会（校园）环境因素的影响力较大。尤其是家庭，作为一个人最早、最持久、影响最大的核心环境，对孩子的人格形成起着重要的作用。本书旨在帮助教育工作者和家长更好地理解孩子的需要和面临的挑战，帮助孩子走向更健康、更快乐的人生道路。

阅读本书，你将有以下收获：

深入理解自主成长、内驱力和需要的基本概念，形成对孩子成长过程的全面认识。

学习并了解生存的需要、关系的需要和发展的需要的具体内容，从而帮助孩子增强自主成长的内驱力。

获得实用的指导和建议，帮助你在日常生活中更好地引导孩子自主成长。

我们鼓励读者在阅读本书的同时，积极将书中的理论和实践应用于自己的生活和工作。以下是一些建议的阅读方法：

逐章阅读：按照书中的章节顺序，逐步了解孩子自主成长的各个阶段和关键因素。

结合案例：在阅读过程中，结合实际案例进行分析和反思，以便更好地理解和应用书中的内容。

分享讨论：将书中的观点和经验与他人分享，进行讨论和交流，以加深对书中内容的理解和吸收。

拓展阅读：读完本书，如果还有未完全理解的认知困惑，请继续阅读丛书的后两本——《孩子健康成长的影响力》和《孩子积极成长的源动力》，你会获得更多家庭教育的实用策略和指导建议，请将这些方法应用到自己的生活中。

希望读者朋友们通过阅读本书，更深入地理解孩子的成长过程，帮助孩子增强自主成长的内驱力。同时，也希望大家能从中获得启发和乐趣，享受与孩子共同成长的这段旅程。

让我们一起为孩子的自主成长和未来的人生道路保驾护航！

目 录

导言　孩子自主成长的需要　/1

第一章　身心安全　/3
　　第一节　情感安全　/5
　　第二节　掌控安全　/18

第二章　社会联结　/40
　　第一节　社会支持　/40
　　第二节　社会接纳　/50
　　第三节　减缓社会痛苦　/54

第三章　积极关注　/59
　　第一节　自我发现　/59
　　第二节　希望被看见　/62
　　第三节　存在感　/66
　　第四节　感受他的感受　/69
　　第五节　自我看见　/72

第四章　社会认可　/74
　　第一节　社会尊重　/74
　　第二节　积极回应　/85
　　第三节　有边界的亲近　/93

第四节　积极认同　/95
　　第五节　社会奖赏　/98

第五章　积极自尊　/109
　　第一节　自我效能感　/110
　　第二节　自我价值感　/123
　　第三节　自尊的发展　/130
　　第四节　自尊的特征　/134

第六章　需要匮乏　/141
　　第一节　安全感匮乏　/142
　　第二节　存在感匮乏　/144
　　第三节　认同感匮乏　/147
　　第四节　情感匮乏　/151

第七章　生存模式　/157
　　第一节　内在生存模式　/157
　　第二节　内在生存模式的分类　/159
　　第三节　保持希望的特殊行为　/168

参考文献　/173

后　记　/177

导言　孩子自主成长的需要

人总是在希望着什么，不只是为了温饱而活着，而是有更高层次的需要。

美国耶鲁大学的克雷顿·奥尔德弗在马斯洛需要理论的基础上提出的新人本主义需要理论认为，人有三种核心需要，即生存的需要、关系的需要、发展的需要。这些核心的需要，是孩子自主成长的内在驱动力（以下简称内驱力），是孩子在自主成长过程中希望获得的积极力量。

人的希望贯穿一生，它可能由于外部因素未得到满足而受到伤害。心理学教授克劳斯·格拉维（Klaus Grawe）认为，基本心理需要是所有人共有的心理需要，违背或者长期不满足该需要，人们就会体会到负面的感觉，心理健康和幸福感就会受到损害。所谓良好或健康的社会，就是通过满足孩子健康成长的希望，来促使他们实现最高目标的社会。重要的并不是希望本身，而是孩子希望获得什么，或想成为什么样的人。

个体的生存、关系、发展这三个层次的需要可以同时作为动力因素起作用。如果较高层次需要受挫，人们会向较低层次需要回归，对较低层次需要的渴望会变得更加强烈。即使一个人的生存需要和关系需要尚未得到完全满足，他仍然可能为发展的需要努力。

需要是孩子成长的内驱力。成长发展的需要，可产生成长性动机——发自内心地渴求发展和实现自身潜能。成长发展需要得到满足的孩子，心理活动与自我意识连接畅通，内在潜能被激发，表现积极，体会到深深的幸福感。

如果孩子在成长过程当中的需要未被满足，就会产生匮乏性动机，进而全力去满足匮乏的需要。如果没有及时疏通堵塞的情绪，重塑自我的生存策略，人将会耗其一生的能量一直去寻求满足。匮乏的需要得到满足后，紧张才会消除。

一些家长和老师抱怨孩子没有学习的动机，或是说孩子的内驱力太弱，目标不明确等。本书从进化心理学、遗传学的角度出发，认为孩子的内驱力是由个体内部的需求等因素所驱使的，并参考新人本主义需要理论，提出了培养孩子自主成长内驱力的方法。

书中围绕孩子自主成长的三大需要展开，第一章阐释了生存的需要，即满足孩子身心的安全；第二、三章阐释了关系的需要，即社会联结和积极关注；第四、五章阐释了发展的需要，即社会认可和积极自尊；第六章阐释了需要匮乏可能引发的问题，家长如何识别孩子需要匮乏的表现；第七章阐释了生存模式，即通过满足孩子的需要，激发孩子的内驱力，形成良好的环境氛围，孩子就会形成独特的内在生存模式，为其健全的人格发展奠基。

关注孩子的需要，可以激发孩子自主成长的积极力量。

第一章　身心安全

安全通常指人没有危险。希望身心安全是指个体在社会化的过程中，希望与生存环境和谐相处，不互相伤害，不存在危险的隐患，将环境对个体可能产生的损害控制在人能够接受的范围内。

人的一生，似乎一切都不如安全重要，这在孩子身上表现得尤为突出和明显。

孩子对安全的需要表现得非常简单、明显。孩子需要一个有组织、有结构的世界，在这个世界中，孩子清楚地知道自己应该怎样想、怎样说、怎样做，才会感到安稳。

安全的需要，不仅对孩子当下的世界观和人生观有重要影响，而且对其未来的世界观和人生观有很强的决定作用。我们可以将人的整个机体描述为一个寻求安全的机制，智力以及其他能力则是寻求安全的工具。

小学六年级女学生小小，在团体心理辅导"我的生命线"活动中，做了这样的人生规划：努力学习考上大学后，她要用一切能够赚钱的方式努力赚许多钱，建立一所世界上最大的"流浪狗之家"；在她35岁的时候，削发为尼，度过余生。

在心理咨询中，小小讲述了成长过程中发生的故事：

小小是留守儿童，一直与奶奶生活在一起，家里饲养的一条狗是她唯一的玩伴。小学三年级的一天，在老师的带领下，全班同学一起去校外开展安全主题实践活动。活动的最后，同学们站在公路边等候绿灯，有秩序地返回学校。就在同学们整整齐齐排好队伍的时候，突然一条小狗横穿马路，被一辆飞驰而来的汽车碾压而死。小狗惨死的血腥场景使小小非常恐惧。

小小泪流满面地沉浸在当时的情景中，继续缓缓地讲述后面发生的故事。

就在小狗被汽车碾压而死时，老师立刻大声地对大家说："同学们，看见这条狗了吗！如果你们不遵守交通规则，就有可能会像这条狗一样被车撞死、碾死。"这个时候，小小感觉老师好残忍啊！她说："我内心特别尊敬的老师，怎么对小狗的死没有一点同情心呢？居然还说如果我们不遵守规则，也会像小狗一样被撞死，人世间真是太残忍了。"从那以后，这个恐怖的场景一直困扰着小小。

小小继续说，后来她的脑海中时常出现父母狠心地抛下她和年迈的奶奶远去的场景；爸爸粗暴地对待她的场景；妈妈粗暴地对待奶奶的场景……她经常会想，奶奶年纪已大，可能随时会离她而去；与她相伴的小狗，也会被汽车撞死……这个世界真是无情啊！这个世界真是恐怖啊！她内心充满恐惧——对老师的恐惧，对小狗死亡的恐惧，对失去亲人的恐惧，对未来不可控制的恐惧……于是她做了这样的决定：要保护自己喜欢的狗。她想长大以后，建一所世界上最大的"流浪狗之家"。她下定决心好好读书，考上大学，然后去挣很多钱。她认为，当她到了35岁的时候，就挣不到钱了，她的"流浪狗之家"无法维持下去。她无法面对这个"血腥"的世界，只有遁入空门，出家为尼，度过余生。

留守在家的小小与奶奶相依为命，流浪狗被碾压而死的应激事件，引发了她内心极度的不安全感。她因无法掌控情感所依附的小狗的安全，无法掌控未来人生而感到恐惧。

小小希望生活环境安全、稳定、有秩序，但父母外出打工破坏了这样的希望。现实中流浪狗死亡的应激事件，引发了她对小狗的情感依附断裂的恐惧，从而使她认为环境中凡是她依附的系统（家庭、班级、人、狗……）都会被破坏，整个世界都是血腥的、无情的。由于对世界的认知偏差，她做了"我要生存下去，用一个女孩可以用的任何方式获得钱，保护我自己和所爱的狗"的人生决定，又觉得自己的人生是有期限的，最终只有孤独地死去。

个体这种对安全的需要没有得到满足而恐惧的状态，如果表现得足够明显，持续得足够长久，那么，处于这种状态中的人，就会仅仅为了安全而活着。

人的机体是一个有组织的整体，身心表现通常是一体化的。假如连续地受到迫在眉睫的灾难的威胁，感到巨大的恐惧与不安全，孩子会陷入希望满足安全的情绪困扰当中，不会去探究、去创造、去发展，甚至会以一生的健康与幸福为代价。这对成长中的孩子而言是非常残酷的。

第一节　情感安全

情感安全是指个体希望与他人具有稳定的、亲近的情感联结。情感安全产生于出生时母亲的照顾，包括喂养方式等；发展于成长过程当中与其父母（照顾者）的相互作用，是一种感情上的联结和纽带。

孩子只有把父母作为安全基地才能有效地探索周围环境。情感安全不仅能提高个体生存的可能性，而且贯穿人的整个生命过程，在个体以后的人生中不断发挥作用，帮助个体向更加适应生存环境的方向发展。

一、情感依附安全

（一）孩子希望父母和善地对待他们

一位父亲陪6岁的儿子在山坡上玩耍，他感到有些厌倦，几次催促孩子回家。玩得正高兴的儿子对此充耳不闻。父亲生气地抱着儿子到悬崖边大声地说："不听话，我就把你从这里丢下去！"受到恐吓的儿子变得异常安静，站在地上呆呆地望着父亲，怯怯地伸出小手拉着父亲的衣角，乖乖地走在回家的路上。此时的父亲暗自高兴，认为他的教育方法非常管用。

可是，自从这件事情后，儿子变得愈加胆怯，开始惧怕与父母分离，并且经常半夜惊醒、哭闹……因为儿子不正常的情绪反应，父亲带他来到心理咨询室寻求帮助。

父亲的恐吓使孩子与父母的情感依附与安全关系遭到破坏，出现惊恐反应和行为退缩。孩子体验到的不安全感绝不仅仅是皮肉之苦。身心安全是孩子健康成长的基石，它与吃饭、喝水等生理需要具有同等重要的地位。

具有安全感的个体内心稳定而安宁，面对陌生环境能保持信任而开放的状态，勇于探索，善于接受新鲜事物，并创造性地发展自我。安全感的外延甚至可以扩大到一个人对待世界的整体态度，而不仅仅是简单的心理结构。

父母和老师对孩子大发脾气、恐吓、谩骂，甚至实行体罚等，会使孩子的内心非常惊恐，这种恐惧可能来源于害怕失去父母（老师）的保护，孩子会认为是自己的不可爱，而导致父母（老师）不爱他们，或者仇视他们，甚至抛弃他们。为了生存，为了得到父母（老师）的爱，孩子会抑制内心的真实希望和需求去依附于父母（老师），或者讨好父母（老师），求得安全和保护。

一天，我去朋友家中做客，到了他们家没多久，就感觉很不适应，因为我觉得他们家的气氛太压抑。我悄悄问朋友："你们家怎么都很少说话啊，感觉大家都很严肃。在我们家里，我和我爸妈经常开玩笑，有说有笑的，气氛很轻松。"

他说："是的，我们家里很少说笑话，有事儿说事儿，没事儿就不说话。"

我说："怪不得你那么怕你爸呢。"

有些父母非常严厉，他们担心自己失去权威感，管不住孩子，但从另一个角度来说，过于严苛，也会阻断孩子和父母的亲密关系。

内心充满恐惧的孩子，缺乏面对困难和挫折的积极心理力量，总是在寻求保护，或是退缩，甚至出现离家出走、辍学等偏差行为。

（二）孩子希望父母关系和睦

日常生活中夫妻之间的矛盾，只要能够正确表达和处理，一般来说不会伤及夫妻感情和孩子的健康成长。

1. 夫妻间的"战争"直接伤及孩子

夫妻两人长期吵闹、家庭暴力（冷暴力）、分居、离婚或死亡，这是家庭的灾难事件。孩子会因为担心失去与父母的情感依附关系，而感受到巨大的恐惧和不安。甚至还有夫妻发生矛盾时，直接将孩子拉入情感战争中，孩子就像被分割一样无所适从，陷入无边的痛苦之中，他们无法用言语表述，身心受到巨大的伤害。

如果长期经历这样的情感伤害，为了求得生存，孩子的情感依附就会偏向某一方，排斥和否定另一方在自己心里的情感依附。家庭环境结构失衡，孩子就会不由自主地去替代家庭结构中情感缺失的人，从而脱离本来位置，形成情感依附错位。这种情况下，孩子会无意识地行使父亲或母亲位置的权利，同时又会效仿离开位置的人。比如，父亲赌博成瘾造成家庭冲突，儿子如果在冲突中承接了母亲的情绪，否认或排斥父亲，就会无意识中希望代替父亲保护母亲。儿子成年后会很难摆脱母亲的影响，与父亲关系疏远但又极容易在行为上效仿父亲，由此产生强烈的内在冲突，并影响未来的生活。

对于孩子来说，父母、家庭就是生命的全部。但是如果父母、家庭不能使孩子幸福地生活，家里每天都是吵架的声音，或者是被"虚假爱情"笼罩，孩子就会认为这个归处已经没有任何意义，从而导致孩子的偏差行为，如离家出走、"混社会"等。很多"混社会"的孩子，基本上是因为家庭情感不和谐，青春期情感依附缺失，从而在同伴中寻求情感寄托。有些甚至会走向犯罪的深渊。

2. "虚假爱情"对孩子的伤害

小学四年级的小坤，不论是在家里，还是在学校，或者在其他环境当中，如果自己的要求（包含不正当要求）没有被满足，就会尖叫、哭吼，还伴随摔、砸东西的攻击行为。

咨询发现，小坤的父母是大学同学，婚后因为父亲不求上进、婚内出轨等问题，夫妻貌合神离，两次离婚与复婚。父母在公众场合表现得"恩恩爱爱，和和睦睦，相敬如宾"；私下，父母则"互相漠视，相互埋怨，互不相让"。父母将小坤作为家庭情感同盟者开展权利争夺：无原则地满足孩子的不合理需求；当着孩子的面，直接反对或攻击对方的指导性建议与教育。面对小坤的扭曲情绪和不良行为，父母不仅相互推诿、责怪，并且认为是其他家庭成员的不当教养行为的影响，是学校老师的不公平教育激怒了小坤，是班上同学对小坤的嘲笑行为使小坤情绪失控等。

上述案例中，父母根本没有觉察到夫妻间的"虚假爱情"对孩子健康成长的严重影响和伤害。不和谐家庭的本质是漠视孩子的情感依附安全。

有的家庭把孩子的需要看得高于一切，其实这并不会让孩子更有安全感。有些父母隐瞒夫妻之间的问题，双方仅为了孩子维持婚姻，而自己痛苦不堪或彼此冷漠仇视。在某个时段如高考结束后很多夫妻办理离婚，平静地结束了多年来为孩子守护的"完整家庭"。然而，孩子真的在这18年里觉得家是完整的吗？真的体验到了"完整家庭"的安全感吗？

孩子对父母之间的情感关系非常敏感。不论父母怎样在孩子面前掩饰，孩子都能轻易感受到家庭是处于和平状态还是战争状态。不和谐的夫妻感情会破坏亲子之间的情感依附安全，导致不良情绪反应和偏差行为。如前述小坤父母的"虚假爱情"，导致孩子自我否定，认为父母不开心是因为自己不好，从而感受到极大的不安全，内心集聚起不可言状的负性情绪。当这些负性情绪遇见外界刺激时，就会失去控制而爆发。这样一来，孩子更不可能学到处理人际关系的技巧和管理情绪的正确方法，发生人际关系冲突时，不具备正确化解冲突的能力，只能采取非常极端的方式（吼叫、破坏行为等）。孩子在这样的家庭中学到的往往也是虚假的人际交往方式，会直接影响到自己未来的婚姻关系和对人生幸福的认知。

父母应理性对待夫妻情感问题和亲子关系，充分认识到夫妻关系对孩子健康成长的影响。如果夫妻关系出现严重问题，应该恰当、坦诚地告知孩子，父母之间的情感问题是成人之间的事情，"爸爸妈妈现在有一些争执，但是这与你无关，无论发生什么，我们依然爱你，请你相信我们可以处理好自己的事情"，并且采取积极的认知与行为方式，建设性地处理好夫妻关系，把对孩子的伤害降到最低。

家庭教养必须重视孩子的情感依附安全。孩子在获得情感依附安全的同时，能够理性看待父母之间的矛盾，不随便归罪于自己。

人的天性是希望与他人的感情、关系亲近密切。这种情感安全依附贯穿个体的一生，并不是原始驱动力（如饥饿）的简单反应，而是在生长过程当中使自己内心情绪感觉安全的心理倾向。

二、家庭结构安全

每对夫妻各自拥有原生家庭和新生家庭两个家庭结构类型。

原生家庭是指夫妻各自在婚前所生活的与父母及兄弟姐妹组成的家庭。新生家庭就是夫妻自己组建的家庭，这样的家庭不包括夫妻双方的父母。

家庭结构就好似一杯水，如果出于某种原因，如离婚、死亡，导致家庭秩序错乱或者家庭成员的序位错误，就像水杯里掉进一颗石子一样，整体就会发生震动，原本的平静被打乱，水开始流动、撞击和旋转。这个过程中，家庭成员会体验到没有缘由的不安全感和动荡感。虽然家庭系统自身存在一种恢复平衡的动力，但对于个体来说，在漫长的恢复过程中内心深处的不安是无法逃离的。孩子的不安全感和动荡感会更加突出，恢复的时间也会更加漫长。

（一）家庭的正确序位

在家庭关系中，已结婚的成年人倘若不能认识到原生家庭和新生家庭两个家庭之间的主次顺序，必将给自己的婚姻关系和夫妻感情造成严重破坏，这种破坏又直接影响到孩子在家庭中的成长。

个体在成长过程当中，受原生家庭影响所形成的固化认知与行为方式会直接影响新生家庭。

构建新生家庭后，夫妻二人首先要觉察自我受原生家庭影响所形成的固化认知与行为的方方面面对当下新生家庭生活的消极影响，在此基础上调整自我消极认知，从对原生家庭的精神和物质上的依赖中走出来，构建和谐的新生家庭认知和行为方式，形成稳定的家庭结构。

家庭成员的序位要遵守的重要法则就是新生家庭优先于原生家庭。从下面的咨询案例中，我们可以看到新生家庭优先于原生家庭的重要意义。

七年级女学生拒绝上学两周，其间很少走出自己的房间，缺乏与父母的话语交流。

心理咨询师通过家庭系统排列呈现出家庭成员之间的关系。

家庭系统排列中，母亲和女儿距离较近，体现了比较正常的母女关系，父亲却站在离母女较远的位置，目光虚无缥缈，始终没有看向女儿和妻子。妻子的眼里充满了无奈、委屈与悲哀，女儿与母亲距离较近但又缺乏亲密感，眼神里满是冷漠。

家庭关系反映出父亲并没有投入对女儿和妻子的关注、照顾，或者可以说对妻子和女儿并没有充满爱。咨询中，父亲对家庭亲密关系感到很迷惑，觉得自己对家庭忠诚尽责，也很爱妻子和女儿，而妻子和女儿却感受不到他的爱，他认为不应该是这个样子的，但现在的家庭关系的确反映出这种状态。这暗示了父亲没有觉察到自己的问题。

继续深入咨询父亲原生家庭父母关系时，他的泪水夺眶而出。

原来在父亲高二的时候，他的母亲突然离世，这对他打击很大，他认为母亲是因为供养他读书而积劳成疾。虽然已经过去了二十多年，但他对母亲那份深切的愧疚一直没有放下，这使他无法全身心地投入对妻子和女儿的爱，也不能够清晰地看到家人对他感情的需要和期望。妻子感到委屈，女儿感受不到父亲的爱，而父亲却全然不知自己从未真正地给出过这份爱。

父亲与女儿之间没有爱的连接，亲子情感阻塞，导致女儿不仅与父亲情感疏远，关系冷漠，还表现出态度上的抗拒，也就出现了女儿自己都说不清楚缘由的抗拒上学的行为。

这位父亲与自己原生家庭中母亲的情感关系所产生的不安全感滞留，让自己新生家庭中的女儿和妻子的真实情感需求受到伤害，家庭成员都付出了沉重的代价。女儿拒绝上学，其实就是潜意识中借这种极端的方式在提醒父亲：爸爸，请看看我和妈妈，我们需要你！

面对自己从来没有意识到但又客观存在的消极情绪和行为，父亲幡然醒悟。首先处理滞留于潜意识的偏差情绪，调整自己的情绪依附关系。作为儿子，对着去世的母亲无比虔诚地表达自己的哀伤与愧疚，情真意切地表达自己对母亲的奉献的感恩与思念。同时，这位父亲也对妻子和女儿表达了自己的歉疚，决定当下要好好活出自己的价值，担当起自己的责任，真心实意地付出自己应该付出的夫妻之爱和亲子之爱。

在这一情感表达出来之后，奇迹发生了，这位父亲感受到了少有的轻松，家庭所有成员的眼里开始有了希望和光彩。家庭成员慢慢地互相靠拢并最后拥抱在一起。

如果不能把目光真正转回到新生家庭中，就会导致生活的混乱和问题的产生，最终影响孩子的健康成长。因此，新生家庭优先于原生家庭。

另外一个典型案例：在一个新生家庭中，丈夫父亲去世较早，由母亲一手拉扯大，长期以来他担当了母亲的情感寄托者和倾诉者，无意中充当了母亲情感伴侣和生活陪伴者的角色，乃至儿子结婚后，母亲无法忍受儿子的爱被另外一个陌生女子抢走，经常苛求、刁难儿媳……

母子间的情感依附关系使得这位丈夫婚后无法全然地关注自己的妻子，妻子就把这份愤怒转嫁于家庭中更弱小的成员——孩子，经常进行谩骂与殴打……这可能就是人们无法理解的亲生母亲为何会严重殴打自己儿子的根源。

等到问题的根源呈现后，人们才发现，原来处理好自己和原生家庭成员的关系是如此重要。原生家庭的情感纠葛会进入新生家庭，让新生家庭中的弱势者——孩子受到严重的伤害，成长中的孩子背负着这份沉重的情感关系，会付出惨痛的代价。

爱必须遵循向下传递的规律，"面对原生家庭，小家庭第一位"是家庭系统稳定的前提。

如果夫妻两人或某一方在建立新生家庭后，依旧停留于自己的原生家庭，选择优先照顾原生家庭，就会在新生家庭中缺位，家庭成员就会感受到对方的缺位，由此造成家庭系统的失衡。

如果家庭出现了结构上的变化，要用正确而科学的方式构建家庭情感结构，只有这样，出现偏差的成员才能回归家庭，找到自己正确的位置。不论在什么情况下，都不能够在家庭当中寻找和建立小同盟，更不能够因为夫妻矛盾而去争夺孩子以抗衡对方。

（二）核心家庭成员的序位

新生家庭由父母与子女组成，也称核心家庭。父母与子女有直接的血缘关系，家庭成员的根本利益一致，家庭成员少，易于建立感情。但由于社会环境的发展和生活环境的特殊性，一些家庭结构发生了变化，导致出现亲子分离、情感联结偏差等问题。不良的家庭结构不仅不能够满足孩子健康成长的心理需要，还会影响夫妻关系的和谐，导致家庭幸福指数降低，阻碍孩子健康幸福成长与发展。

1. 夫妻关系第一

在核心家庭中，我们强调夫妻关系是最基本的关系，是亲子关系的基础，"夫妻关系较亲子关系具有优先权"。家庭中的第一且最关键的关系是夫妻关系，夫妻关系在亲子关系之前出现，夫妻关系优于亲子关系。

试问：假如你下班回到家，看到丈夫和可爱的孩子同时向你示爱，你会怎样回应？

第一类妈妈：热情地抱起奔跑而来的孩子。第二类妈妈：走上前去温柔地拥抱正在微笑的丈夫。相信很多妈妈都属于第一类。

第一类妈妈不由自主地将丈夫放在一边，只顾对孩子又亲又抱，有说有笑，充分表达对孩子热切的爱。而丈夫呢？则尴尬地站在一边搓着手，不知所措地看着妻子和孩子，慢慢退到一边……

久而久之，丈夫对妻子的出现会变得习惯性冷漠、麻木，同时也会感到在妻子和孩子之间自己是多余的，会慢慢放下自己对孩子该承担的陪伴责任，减弱对妻子的关爱和情感交流。孩子也会无意间接受自己在妈妈心目中比爸爸更重要的观念，对爸爸失去尊重和信赖。

其实，妈妈可以试着换一种做法：先问候丈夫，然后再拥抱孩子。夫妻之间互相理解、互相支撑、彼此在乎，在家庭关系中建立起一种共同体意识，孩子也会在目睹父母间的彼此尊重和珍惜后，产生对父母双方同等的尊重和依恋。

在孩子成年以前，父母既是孩子生命的给予者，又是孩子生活、学习的陪伴者。以尊重感恩的心态对待父母，这是孩子应该具备的基本意识。而这种尊重父母的观念，需要夫妻间的彼此配合，通过亲子交流在孩子心中得到强化，让孩子懂得父母在家庭地位中的同等重要性，而不至于偏向一方，忽略或轻视另一方。

面对向自己奔跑而来的孩子，微笑着摸摸他，点头示意，继而目光转向爱人，上前给对方一个关爱的拥抱，再转头一起拥抱孩子，这其实是最和谐圆满的画面。

这种小小的举动看似寻常，却可以科学、轻松地将孩子对父母应该具备的尊重意识深深埋在孩子心中，借助父母的和谐关系，有效地传递给孩子一种安全感。可惜这些生活中的细节大多数家长并没有注意到，更没有在心里加以重视，也就不可能在生活中熟练运用，因此错过了对孩子潜移默化熏陶教育的机会。

夫妻关系的亲密度在第一个孩子出生后开始下降，就是因为一方（主要是女方）把对爱人的关注，部分甚至是大部分分离出来给了孩子，对方备受冷落，甚至可能对孩子的到来生出怨恨，觉得是孩子夺走了伴侣对自己的爱。这样的家庭情感环境往往会危害孩子的健康成长。所以无论何时，夫妻关系始终优先于亲子关系。这个规则一旦被打破，就会给整个家庭带来困扰。

孩子长大之后，跟父母中的异性一方过度亲密会伤害疏远的一方。被疏远的这一方会有一种被排斥在伴侣关系之外的错位感，甚至绝望感，严重影响夫妻感情。

如果母亲的目光随时都追随在儿子的身上，忽略了对丈夫的关注和关心，丈夫就会有一种被排斥的挫败感，甚至对儿子产生愤怒感。而儿子在母亲过多的关注和欣赏中，无意识间会产生一种只有自己才是母亲唯一的、最重要的人的错误认知和情感反应，甚至渴望替代父亲。父亲对女儿过于密切的关注也会产生同样的后果，母亲会有一种无意识间想要离开的愿望。这两种都是严重伤害伴侣关系的错位做法。

在家庭成员中，只要有一人能调整自身定位，回到自己应有的位置，其他人都会自动归位，这个家庭就会重新得到平衡。比如一个十几岁大的男孩应该和父亲之间保持最直接的密切关系，母亲对儿子的爱要注意有一定的界限感，有时可以通过父亲将母亲的爱传递给儿子，这样会让家庭每一个成员都感到更加温馨和幸福。同理，父亲对女儿的爱也可以通过母亲表达。当父母通过这样的方式爱孩子时，对孩子共同的爱会把他们更紧密地联系在一起，孩子也会感到前所未有的自由和安全。尤其是在孩子12岁以后，这种爱的表达顺序显得更为重要。

还有一种情况是夫妻双方都看不到对方，只关注孩子，万事以孩子为中心，将孩子摆在家庭的首位，在家中既不尊重自己的存在和需要，也不关心对方。这样做的后果是孩子成了家长眼中令人头疼的小皇帝、小公主，自私、冷漠、骄横、野蛮、贪婪；夫妻关系变得冷淡，也丧失了父母在家庭中的权威和孩子的尊重。孩子是家庭的希望，但孩子的序位在家庭成员中绝对不能跃居第一，那样整个家庭就会失衡，缺乏稳固性。严重时，还会导致孩子丧失道德底线，家长受到孩子要挟，其他家庭成员的人生都会被牵制。

良好夫妻关系提供的积极心理能量造就了好父母，好的夫妻关系支撑起的家庭，才能够让孩子感受到安全，表现出一种成长的积极心理状态。孩子的成长状态也能够体现出家庭的序位是否合理。

小志是一名重点中学的尖子生，是爸爸妈妈的骄傲。初中毕业后，以小志的成绩本来可以直升本校高中部，但报名时他却坚持要读远离家庭的中等职业技术学校。小志的决定震惊了父母，他们怎么也没想到孩子会有这样的想法。无论怎样劝说和威胁，小志一直坚持自己的想法。

通过进一步地咨询，发现小志坚持要上中等职业技术学校的根本原因就是希望逃离父母，独立生活。

是什么力量让孩子逃离家庭？

原来小志妈妈的全部生活都是围绕儿子转。妈妈为小志努力创设着她认为最好的学习环境：不允许爸爸的朋友来访，不允许爸爸在家里大声说话，不允许爸爸看自己喜欢的球赛。限制爸爸的同时，妈妈自己也放弃了许多个人爱好。

看见父母的付出，小志觉得自己的存在不仅使父母没有了自我的生活，也使自己感受到不自主的控制；不仅使父母关系不融洽，也让自己感受到巨大的压力。节假日，小志期盼假期尽快结束去学校，放学后，小志宁愿一个人在街上闲逛，也不愿意回家。他不希望自己像宠物一样被宠溺着，更不希望自己就是一部读书的机器。他希望家里每个人都有自己独立的思维，都有自己的生活，都有自己的自由。

小志的逃离看似幼稚，却暴露了家庭关系严重失衡的问题。妈妈对儿子的过度投入，使得貌似受益的孩子实际上承受着沉重的压迫。年少的他，只好幼稚地以逃离来减轻这种内心的煎熬。

这就是亲子关系优于夫妻关系带来的孩子心理上的失衡。失衡的家庭关系，让孩子感觉到压迫，失去了归属感。健康的家庭关系不是母亲对孩子全然投入，也不是父亲对孩子百依百顺，更不是父母之间像打仗一样争着对孩子好。

在家庭中，父母和孩子分别应该处于什么样的位置？夫妻应如何对待对方和孩子？这个问题，本来很重要，但很多家长都没有想过。父母在家庭里应该建立一些"夫妻关系第一位"的清晰规则：如丈夫回家先问候妻子，再去拥抱孩子；夫妻间的礼物不随意让给孩子，如果孩子索要父亲送给母亲的礼物，母亲应该让孩子知道"这是爸爸给妈妈的礼物，妈妈不能随便送给别人"，而不是"妈妈的全都是你的"。让孩子感知父母关系是第一的序位，从而让父母与孩子稳定在自己正确的位置上，形成孩子的基本安全感。

良好的家庭关系需要家庭成员之间既要保持紧密联系，也要有各自的自由。在建立情感连接的同时，要保持适当的界限，父亲和母亲尊重自我并互相尊重，同时也尊重孩子，尊重家庭中每一个个体的自主和独立，只有这样，家庭中的每一个成员才会感到幸福。

2. 三代人的序位

家庭中三代人的正确序位，首先应该是爷爷奶奶，然后是父母，再后是孙辈，不得越位。

现在很多家庭由爷爷奶奶带孙子，容易造成混乱：如果爷爷奶奶把孙子当自己的儿女来带（爷爷奶奶常常是分不清的，也许他们的意识层面知道是孙子，情感上却像对自己的孩子一般对待孙辈），孙子就会越位变成父母的兄弟姐妹。当孙子和爷爷奶奶分开，回到父母的身边时，就需要冲突性的适应。这是一种打破原来结构，进入新结构的过程，如果新的结构不够稳定、安全，孩子可能会一直处于尝试状态，内心很难亲近父母。所以，爷爷奶奶一定要站好自己的位置，要树立孩子与父母才是血缘至亲观念。教育孩子的主要责任人是孩子的父母，爷爷奶奶要与孩子的父母构建教育一致性的原则，如果两代人的教育理念有冲突，一定要在合适的场合下沟通，争取达成一致，在孩子心里树立父母的权威意识。

父母应该在孩子心中为老辈明确身份位置和照顾边界，让孩子知道爷爷奶奶是父母的父母，必须尊重和存有恭敬心。老人协助陪伴孙辈时，要有"帮忙但不越级管理"的心态，让自己的子女去履行父母责任。孩子力所能及的事情就应该交给他自己做。有时爷爷奶奶为孩子做事情，也要让孩子懂得这是老人的"爱意"而不是"应当"，孩子应该感恩。当孩子能够顺畅地接受和表达爱，就能够站在自己的位置，活出自己。

老人不要随意参与子女生活，不介入夫妻矛盾，不随便插手管子孙的事情。要建立"儿孙自有儿孙福"的观念。培养"快乐生活，安享晚年"的生活态度，在生活中重新构建自己的价值感，获得归属感。年轻父母要学习建立基本的家庭原则，同时保持与老辈的良好沟通，为老人创造一个良好的生活环境，让老人真正做到不"瞎操心"。

（三）家庭结构的影响

健全的家庭结构对子女的成长起着积极的促进作用。这样的家庭里，往往气氛融洽，父母互敬互爱，有足够的精力关心、照顾子女，共同承担教育和抚养子女的责任，各个角色恰如其分，孩子也能够健康成长。相反，家庭结构不健全则会对孩子的成长产生负面影响，阻碍孩子的社会化。

比较常见的不健全家庭包括单亲家庭（离婚者或未婚者与子女组成的家庭）、残缺家庭（由未婚子女组成的缺少父母双方或一方的家庭）、隔代家庭（父母缺失而由祖父母和未婚子女组成的家庭）。此外，还有留守儿童家庭，这种家庭看似是健全的，但是孩子没有感受到健全家庭应该有的陪伴和爱。

还有一些虽然保持夫妻关系，但夫妻感情已经破裂的家庭。有些夫妻感情不和，互相攻击、谩骂，即使在孩子面前也毫不避讳，对孩子性格品质的养成产生了不良的影响。有些父母婚姻生活不如意，一时又难以彻底解决，就行为过激，拿孩子当出气筒，对孩子态度恶劣，给孩子的心理造成阴影。还有一些父母因为对配偶的不满、怨恨，视孩子为对方的责任，对孩子漠不关心，不利于孩子的健康成长。

在单亲家庭或残缺家庭中，由于家庭成员的缺失，容易导致其他家庭成员对孩子的溺爱、过度保护。溺爱主要表现为一味地满足孩子的物质要求，这往往会让孩子养成挥霍无度的个性，孩子的物质需求一旦无法得到满足，要么一蹶不振，要么不顾一切采用非法手段掠取钱财，走上违法犯罪的道路。过度保护看似是疼爱，实际上是用一条无形的绳索捆住了孩子的双手，使他们丧失学习和生活能力，在家里衣来伸手，饭来张口，一出家门什么都不会做，举手投足都会带来挫败感，不懂人情世故，不会处理人际关系，在社会上不受欢迎，孤僻、自卑，兼有强烈的妒忌心理，甚至采取极端行为毁灭强于自己的人。

由此可见，家庭结构的健全与否不仅关系着孩子的心理健康，也对孩子的身体健康有着不容忽视的影响。只有健全的家庭结构，才能促进孩子的身心健康，为孩子的成长奠定良好的基础。

第二节 掌控安全

掌控安全是希望自己有能力应对环境中的相关事物，即一切都在自己的掌控当中，相信自己有能力做，并且做得好。

掌控安全的需要，是我们对于想清楚地知道自己要做什么、该去哪里、做出决定并尽可能地控制生活中的不确定因素的心理需要。

孩子总是希望自己赖以生存的环境熟悉、可靠、安全、可掌控、有规则。在这样一种框架环境里，孩子能够感受到秩序、边界或节奏。

马斯洛认为，孩子的安全需要还表现在他喜欢一种安稳的程序或节奏，他似乎需要一个可以预见的有秩序的世界。如亲子关系中，父母带有偏见的、控制性的、自我化的、不公正或相互矛盾的语言、行为、节奏、要求等，会使孩子感到无所适从、焦虑和不安。

一、秩序安全

教育家蒙特梭利（Maria Montessori）认为，大自然中的一切事物，都在按照设定的秩序发展。人类的成长亦是如此。秩序是生命的一种需要，就像呼吸需要空气一样，当它得到了满足，人就心生愉悦，产生一种自然的快乐。

这里的秩序，侧重于指孩子面临的环境、语言、规则及日常活动整齐而有条理，有先后、不颠倒，在自然进程和社会进程中保持着某种程度的一致性、连续性和确定性，具有可延续性的一种状态。

在孩子看来，世界是以不变的程序和秩序存在的，在这样有序的环境中确定了自己的位置，内心才会觉得足够安全。

秩序安全的需要表现在日常生活中的点点滴滴。家庭生活中的环境秩序对孩子稳定情绪及良好品质的形成具有重要的影响。

蒙特梭利在《童年的秘密》中举过这样一个例子：

一位母亲感到不舒服，躺在椅子上，身下垫了两个枕头。她二十个月大的女儿走来让她讲一个故事。

她怎么好拒绝孩子的这种要求呢？虽然不舒服，她还是坚持满足孩子的要求。

孩子全神贯注地听着，但她全身疼得无法继续讲下去，就让仆人扶着她到另一个房间的床上休息。此时，留在椅子旁边的小女孩开始哭泣起来。

看上去很明显，她是为听不到故事而哭，旁边的人尽力安抚，她还是哭个不停。当仆人将枕头拿走送到卧室里时，这个小女孩竟然大喊大叫起来："不，不是垫子……"她似乎想说，至少要留一些东西在这里。

家人用甜言蜜语哄着她，并把她带到母亲的床边。母亲尽管很痛苦，但仍硬撑着给她讲故事，以为这样就可以满足她。但这个小女孩还在抽泣，泪流满面地说："妈妈，椅子！"她试图用这种方式，告诉妈妈，她应该坐在那把椅子上。

此时的小女孩对故事已经不感兴趣了。因为母亲和枕头都改变了原来的位置。

孩子对秩序的偏好是如此强烈，以至于细微的改变都会引起孩子的不适。

如果事情都按照自己的秩序感有序地进行，孩子的内心会得到满足，他们会更加安心，执行能力也会增强。父母对于孩子表现出来的秩序感行为，一定要尊重，不要强行去破坏。

在有秩序的、安稳的环境中生活的孩子，对世界的看法具备稳固的基础，充满安全感，心理上感到愉悦，能自主、自信、专注、有选择、有条不紊地活动、积极探索和创造。

秩序能带来安全感。孩子对秩序的追求和成人不同。当秩序被打乱，东西没放对位置时，成人顶多感到不舒服，而对追求秩序感的孩子来说，则会刺激他们产生不安、焦虑的情绪，给他们内心带来意想不到的痛苦。

秩序能构建规则意识。秩序让孩子依照一定的规矩行事，明白哪些事情该做，哪些事情不该做，哪些事情需要等待，哪些事情有什么规矩，哪些东西应该放到哪里等。当孩子长大成人后，就会变成一个有秩序的社会人，愿意遵守秩序和创造秩序。

秩序有助于形成自律意识。孩子热爱秩序，有着敏锐的秩序感，他们对东西本来应该在的位置很感兴趣。出于本能，他们会常常发挥这种热情，总能注意到所处环境中每样东西的位置并记住它们。

秩序感发展良好的孩子能轻松规划自己的生活，有希望、有目标、有行动、有效率，生活充实、快乐。置身于混乱无序环境中的孩子，心理秩序紊乱，不能建立良好的自我秩序，常常焦躁不安，甚至变得暴躁乖戾、消极自卑。

一个人的秩序感是在成长过程中，特别是童年所经历的日常生活事件中，与环境互动的点点滴滴内化形成的。根据孩子的心理特征实施教育，是对孩子内在发展秩序的满足，能让孩子体验到秩序感。

（一）语言秩序

语言秩序是孩子情感安全的最重要的因素。

孩子的掌控安全来源于父母清楚、正确的言语表达，父母与孩子沟通时，还需要尊重语言秩序。

亲子关系的好坏与亲子之间沟通的语言秩序密切相关。日常生活中夫妻间、亲子间的障碍是孩子缺乏情感安全的罪魁祸首，严重的时候会导致冲突、矛盾甚至关系破裂。

丈夫：晚上我们一起去看电影吧。

妻子：好呀，你想看什么？

丈夫：《星球大战》吧。

妻子：好啊，你看看几点的合适？

丈夫：好，我用手机查查。

妻子：好。对了，我还是想把厨柜换一下，漏水的位置，下面都开始发霉了。

丈夫：我们不是谈过了吗，你怎么又提这件事？

妻子：可是我还是想换一下，太不方便了。

丈夫：你现实一点好不好，现在家里经济这么紧张，我单位的效益又不好，你的工资还要用来还房贷。

妻子：我觉得花不了多少钱。

丈夫：你也太不理智了。你换个一般的又开裂漏水怎么办？换个好的起码也得万把块钱吧，现在哪来多余的钱，你自己说。

妻子：怎么我一说你就发脾气，如果你总是这样，你最好自己去看电影，我才不愿意和你一起出去呢！

丈夫：好，你说的。那我就一个人去，哼！

（案例来源于吴庆[①]）这就是沟通秩序被破坏导致的情感矛盾与危机。

至于孩子，因为还没有足够的理解复杂语言意义的知识和经验，所以他们不懂成人的一些扭曲情绪或扭曲言语行为所传递的隐藏信息，只能够按照成人所传递出来的表面信息来理解。

这是人们无意中一再重复、固定并相互操纵的一种交往模式。如果孩子从小就生活在语言秩序混乱的父母身边，感受到父母间的不亲近，内心会非常恐惧。如果孩子认同了父母的不亲近，就有可能形成"在我们家，亲密是不被允许的"这样的信念，同时做出一个决定：不要和任何人亲密。

在人际交往中，语言"心理游戏"是指习惯性地不直接表达内在的情感和真实目的，而是用不相关的语言或引入与当下沟通内容无关的事件来传递所隐藏的信息。如果不按照正常的语言秩序进行交流，而玩"心理游戏"，就会让大家都觉得混乱、莫名其妙。结果一定是不愉快的。沟通过程中，当事人往往会感觉这人不会说话，或者是认为对方冤屈或误解了自己，"好心当成驴肝肺"。沟通结束时，参与者往往体会到一种扭曲的感觉。关系中的人也会不断地责问自己：怎么会把事情搞成这样呢？为什么每一次的沟通都会把愉快变为不愉快？其实，这是在成长过程当中学习到

[①] 吴庆，霍然沟通分析心理工作室首席心理咨询师，中国沟通分析（TA）协会副会长，中国沟通分析（TA）协会湖北分会副会长。主要从事个体及团体心理咨询（现场或网络）。曾任华中科技大学特邀心理咨询师，武汉动感音乐广播FM936特邀心理专家。

的负性沟通方式。这种沟通的结局往往是双输的。

这样的"心理游戏"常常被父母当作对孩子的爱抚的替代品，这样的亲子沟通的本质是父母对孩子的负面爱抚，其结果是阻止亲密与成长，是漠视和操纵。这种现象如果经常发生在亲子沟通之间，带给孩子的只有混乱、苦恼、沮丧、不安甚至愤怒，不仅不能够促进孩子健康成长，反而会让孩子缺乏信任和友爱，遏制孩子的成长潜能。

小斯的父亲经营着一辆城乡中巴线路车。刚高考完的小斯，随车帮父母售票。6月10日下午5点左右，小斯询问父亲会不会给他发工资，再一次遭到父亲责骂。回到县城后，小斯独自离开，跳河自杀了。平常习惯性地不在意小斯情绪反应的父亲，对小斯独自离开并没有注意，直到看到儿子遗体时，才发现自己和儿子之间，一直存在深深的鸿沟。他禁不住抱着儿子遗体号啕大哭，捶胸顿足，后悔莫及。可为时已晚。

小斯在"绝命书"中说："我的尸体要么烧了，要么扔了，别把我拿回去！"

选择自杀的孩子留下这样"绝情"的遗言，死后连遗体也不让父母安葬，可见怨恨之深。

从"绝命书"中，我们找到了答案：从小学开始，小斯的成绩一直名列前茅。考一次100分或者得一次A＋，奶奶就奖励一元钱。他的作业本上是满满的A＋，差不多从这时起，小斯就被贴上了"学霸"的标签。小学毕业的小斯以优异的成绩，考取了当地名校。

第一次月考，小斯考了全校第73名，打电话给妈妈讲，妈妈说："才73名！"小斯在电话里哭了。

初一下学期，小斯考了全校第5名，数学满分，政治满分，地理满分，英语99分，其他科目都是90多分，却没见爸爸表扬鼓励一下，爸爸反而说："有什么值得高兴的，你没考第1名呢！不管成绩多好，你太骄傲了！"

小斯的爸爸因为从小吃了很多苦，脾气不好，只要小斯稍不如他的意，就粗暴地吼骂或殴打。"考了98分被骂，吃饭打嗝，一耳光打过来，夹菜姿势不对，一耳光打过来。""说什么爱我，为我好，我却不以为然，感受不到。""吃饭时说菜是苦的，他会说：'不苦，甜从哪里来？'然后摆出一副说教的样子来。"

小斯的压抑情绪不断累积。6月10日那天，父亲的责骂成了压死骆驼的最后一根稻草，导致他彻底崩溃绝望，酿成悲剧。

上述案例中，父母把因为孩子优秀所体验到的自豪感、愉悦感隐藏起来，不与孩子形成情绪共鸣，也不给予孩子所希望的肯定、鼓励、赞赏，而总是进行"心理游戏"般的交流。

心理学研究表明，这种无秩序的沟通模式起源于童年时与父母的交往，一般是成长过程中从父母那里学到的。当孩子长大后，便也习惯性地采用这种不正常的交流方式进行沟通，甚至自己会发展出一些新的"心理游戏"，并以此作为人际交往的方式，这样会严重影响孩子的人生。小斯对父母表现出的就是沟通中的"沉默"游戏，他不表达任何正常的情感需求，而采取极端的方式结束自己的生命。

又例如，夫妻一方做出一个亲密动作，而对方却回应："讨厌！一边去！"孩子因为一件特别有成就感的事情，在父母面前异常兴奋，父母却严肃地说："有什么值得高兴的！不要骄傲！"这就是典型的隐藏沟通的"心理游戏"。当留守孩子与远方的父母沟通时，父母隐藏自己对孩子的爱和思念情感，表达的是"你要好好学习""你要听老师和爷爷奶奶的话"等，从来不去问孩子内心需要什么。孩子表达对父母的思念："我想你，我想你们回家！"而父母因为惧怕表达真实情感而将其隐藏起来，用钱和孩子的生存问题来替代其内在的真实情感——爱，回答："我们给你那么多钱，你还要我们回来干什么？"这样的回答传递给孩子"给钱就是对你负责任"的信息，并且把外出打工和缺失爱的原因归于孩子，让孩子以为自己是"罪人"从而感到恐惧。亲子情感不能够共鸣，孩子感受到的是情感分离，从而导致安全感缺失。

在这个过程当中，孩子传递给父母的信息不能得到准确的回应，也就不能够获得正确的语言组织和交流技巧，无法建立内在的语言结构。这样的孩子在社会化过程中无法正确地理解他人的信息，也不能够给予对方合适的语言回应，经常感到焦虑、沮丧。

如果孩子的父母身心健康，能够充分感受到孩子内心真实的需要，爱他、关心他、信任他，在他成长的过程中给予耐心指导与积极鼓励，那么孩子就会对父母怀有同样的信心与热爱。久而久之，他对父母的爱也会迁移到生活中的其他人身上。这样的孩子通常就不会玩上述的"心理游戏"，因为他不需要靠那种不健康的方式来获得爱与关注。

语言的秩序性常常体现在家庭沟通特别是亲子沟通中，父母在与孩子沟通时，所用的语言一定要准确、贴切、适当，使孩子能听明白、能产生共鸣；不要用隐藏自我情感需求的非正面语言去折磨孩子，请使用"实事求是的""正面的""完整的"语言，让孩子在语言沟通中获得确定的安全感。

（二）时间秩序

如今，人们的生活节奏越来越快，日常生活中的时间秩序结构就显得越来越重要。合理的时间秩序结构充分体现了个体的时间掌控能力，能够促进个体充分感受到安稳而降低焦虑。构建时间秩序结构，充分体验日常生活中的秩序感，已经受到了人们的高度重视，特别体现在教养者对孩子的时间秩序结构的培养上。

> 被学习焦虑情绪所困扰的高二学生小璇，与父母一起前来咨询。
>
> 小璇描述，班上一位"学霸"同学每天并没有很认真地听讲，课下也没有用太多的时间学习，但是每次考试成绩都名列前茅。而自己上课认真听讲，课后所有的时间几乎都用在了学习、做作业上，但还是感觉时间不够用，总有做不完的作业，成绩也一直处于中下水平。为此，她觉得自己身心疲惫，对学习没有激情，对未来茫然失措。
>
> 小璇父母认为孩子没有学习的天赋，感到特别自责、愧疚。
>
> 通过咨询发现，小璇的时间秩序结构出现了问题却不自知。
>
> • 学习时间秩序混乱。在学习中，专注力不够，对无关紧要的问题用时较多，导致时间的浪费；做作业漫不经心，缺乏紧迫感，速度太慢。

- 生活时间秩序混乱。把每天都安排得满满当当，不仅缺乏弹性时间，还缺乏休息时间、运动时间。看似充实，但是因为不会科学用脑，精神不佳，消极怠工，降低了大脑工作效率，把时间浪费在了无效的学习上。
- 作息时间秩序混乱。生物钟混乱，学习期间精神状态差，精力不足，容易疲劳。
- 空间物品秩序混乱。学习用具、学习资料总是乱放乱丢，混杂着与学习无关的物品，分散注意力，导致学习时间的浪费。

孩子如果构建了良好的时间秩序，具有恰当掌控时间的能力，就能够合理地安排时间，解决生活、学习中的相关事情。反之，孩子如果缺乏时间秩序，有效掌控学习、生活时间的能力不足，就容易出现各种问题。首先，放任自己。生活没有规律，如没有规划什么时候起床、吃饭、玩耍，什么时候看电视，什么时候做作业等，混乱而为。其次，做事拖沓。如早晨起床困难、磨蹭，起床后不及时洗漱等。最后，注意力分散。做事时不能够集中注意力，身边任何小玩意儿、任何声音都能引起他的注意，自然会延迟完成作业的时间，有些时候，延迟的时间还会很长。无序的时间结构，不仅造成生活、学习一团糟，还导致身心混乱。如果这种现象恶性循环，就会严重影响孩子的学习效率和学习成绩，进而严重影响身心健康发展。

孩子渴望有规则、有边界、有规律的生活，我们需要帮助孩子消除迷茫感、混乱感，降低无力感，增强胜任感、成就感。缺乏良好时间秩序的孩子，长期处于混乱、茫然之中，其内心的不安全感会导致退化行为——身心发展都停留在满足安全的需要。主要表现在以下方面：

1. 消极情绪

这类孩子总是被焦虑等消极情绪困扰。因为他们无法集中注意力在某一段时间内完成某一件事情，而随着时间的流逝，未完成的事情积压在心里，形成压迫感，从而感到紧张、害怕、焦虑、沮丧等。

缺乏时间秩序，无力弥补未完成事项，时间秩序又会更加混乱，这种恶性循环会导致孩子自主成长内驱力匮乏，孩子越来越焦虑，压力越来越大。严重时，孩子甚至会丧失生活激情，情绪低落，懈怠自卑，悲观厌世。

2. 自我怀疑

这类孩子很难积极主动地完成基本任务，取得可喜的成绩。因为他们做事效率低下，在相同的时间成本下，别人可以完成三件事，他们可能连一件事情都无法完成。前一个计划无法完成就会使之后的计划继续延误，这样他们就会感觉身边的所有事情都是一团糟，很难体会到胜任感、成就感，与同伴进行对比，形成明显落差，感到不如别人，严重怀疑自我价值和自我能力，导致低价值感和低效能感。从最初的自我怀疑和自我否定，到后来的无数次失败对自我认知的影响，形成固化的"我是一个无用的人""我是一个无价值的人"的消极认知。

3. 偏差行为

长期的自我怀疑、消极情绪，不仅加重了孩子内心的焦虑和烦躁，使他们自卑、嫉妒，而且抗拒他人善意的指导性建议。加之面对现实的无力感，使自己困扰在众多负面情绪之中，表现出偏差行为，"问题孩子"就是这样形成的。

时间秩序结构是在成长过程中形成的，并且贯穿人的一生。一些教养者缺乏构建孩子时间秩序的意识，导致孩子无法准确判断日常生活中应该解决的问题，难以规范自我行为、承担责任，对未来的成长造成阻碍。

教养者需要从日常生活中的点滴小事入手，促进孩子时间秩序的建立与发展。

第一，从时间秩序入手。

一天 24 小时，按照孩子的发展规律，从早上起床到晚上睡觉，包括吃饭、学习、运动等，为孩子制定有规律的作息时间，这对培养孩子的时间秩序感是大有益处的。应遵守这个秩序，不要随便破坏。如果遇见不可控的因素，破坏了这个秩序，如突然阴雨，室外活动进行不了，老师拖堂，不按时下课等，孩子日常生活中既有的秩序被打乱了，而新的秩序又没有建立起来，就会出现焦虑情绪，发生骚动、混乱的现象。

第二，抓住构建秩序的关键点。

尊重孩子的知情权，让孩子积极参与，是帮助他们建立新秩序的关键。

构建相应的时间秩序，每天都需要口头告知孩子这一天的活动安排和要求，告知孩子应该有的行动和准备工作，并要检查和督促。形成习惯后，孩子按照构建的时间秩序，会轻松地提前做好准备工作，按要求自主地实施活动。

生活总会有变化，秩序也不是铁定不动的。日常生活中，遇见需要打破前面所形成的秩序，再重新建立一个新的秩序的事，要提前一天或几天告诉孩子原因以及新的计划；就算是突发性的改变，也要告知孩子临时的方案。朝令夕改，遇事三变，会令孩子茫然不知所措。只有让孩子做到心中有数，给他们一定的心理准备时间，孩子的情绪才不易受到影响。

第三，强化时间段内的秩序结构。

生活中每一个时间段内的活动，无不体现着秩序，都需要有一定的行为指导和要求。如饭前先洗手、洗手的步骤，吃饭时不要讲话等。每一项活动中首先该做什么、然后做什么、最后做什么，经过一段时间的梳理以后，孩子就会形成关于该项活动的秩序感。

如果引导孩子构建了生活中具体活动的秩序结构，孩子的自律能力就会逐步形成，同时，孩子也能够充分体验到心理安全感。

第四，消除时间秩序结构的不利影响因素。

孩子很多时候都被"做最好的自己"困扰。很多时候，无法正确、有效地掌控自我的时间、掌控自我力所能及的事件和行为，更多的是因为受到外界环境的影响。如，孩子做作业，妈妈一会儿端来水，一会儿送来糕点。这些行为严重破坏了孩子的时间秩序结构，影响孩子形成自律品质。所以说，一个目标或想法能否达成，本质还是取决于自身对时间的掌控能力，对能力范围的控制程度。否则一旦被环境干扰影响，就容易放弃目标。教养者应努力消除环境中破坏孩子构建时间秩序结构的影响因素，为促进孩子建立时间秩序结构创造有利条件，这是培养自律品质的关键。孩子只有真正形成了时间秩序结构，提升了自律品质，才能掌控自己生活中的每一件事，自己的每一天，乃至整个人生。

第五，尊重时间秩序结构的差异性。

孩子身心发展规律和内在秩序感的发展都具有差异性。不尊重孩子发展差异性的干涉、说教和要求，都会影响孩子自身秩序感的建立。因此，培养孩子的秩序感，促进孩子自律品质的形成，必须尊重孩子身心发展的特点和心理需要，通过和孩子谈心、讨论，循循善诱，引导他们建立合理的秩序。如：孩子在进行户外活动时，往往兴奋不已，拒绝改变当下的秩序。教养者在活动前就要和孩子讨论，约定回家的时间。在玩耍的过程当中，要在恰当的时候，提醒孩子回家的时间，什么时候要准备回家。孩子经过思考后，认可了活动的时间秩序，就会遵守这个他们自己参与构建的秩序，顺利地执行。这是一个让孩子知道怎么做，为什么这样做，以及下次再遇到这些事情时该如何做的过程。

尊重孩子秩序感的差异性，是通过讨论来引导孩子从旧的秩序结构过渡到新的秩序结构，也是引导孩子从情绪脑到思维脑的过渡，激发孩子的思维脑，促进孩子思维脑的思维活动。以后遇见同类事件时，他们就会启动思维脑，自主思考，构建秩序。教养者所授的不仅是"鱼"，而更是"渔"，即做事的方法、思考的方法。

（三）空间秩序

环境是影响孩子健康成长的最重要因素。在孩子成长的早期阶段，家庭比任何环境对孩子的影响都更重要、更持久，对潜力的拓展与开发影响更大。家庭空间秩序，是影响孩子健康成长的重要因素。

空间秩序是环境空间对个体的意识、情感、行为的影响，且被个体确立并内化，具体是指环境中的一切物品的颜色、样式、质地和固定的位置、规律、顺序。这是培养孩子秩序感的前提。也可以将日常生活中的具体活动规则纳入空间秩序。空间秩序结构一旦固定，就不要轻易变动，孩子能够通过固定的印象形成秩序感。如果确需改变，要及时征求孩子的意见。

在孩子成长过程中，构建家庭空间秩序结构，是培养孩子秩序感的最重要的手段。父母务必要引起高度的重视。

孩子出生后，家庭环境中的固定陈设逐步成为孩子生活秩序的一部分。随着年龄的增长，当孩子发现某个东西偏离了常规放置的地方后，会感到不适应，有时候还会亲自动手把它还原到原来的位置。

父母在陪伴孩子的过程中，会发现孩子对于东西摆放有自己的想法和要求。如果家长破坏了他们的秩序，孩子便会用发脾气、哭闹来表示自己的不满。

环境的秩序需要所有成员共同维护。秩序无处不在，孩子会逐渐融入这个秩序的环境。为尊重孩子对自己物品存放的意识和相对稳定的需要，教养者要恰到好处地引导孩子适应有秩序的环境，同时引导孩子有秩序地存放自己的物品。当他们能够准确找到自己需要的物品，就不会恐慌和混乱，而是感到安全。在这样的循序渐进的成长过程中，孩子会逐步建立自我内在的秩序感。

培养孩子的空间秩序感，父母要细化要求，分步进行。如：让孩子整理书桌，不仅仅要求"把书桌整理规范"，还要细化"小书归小书，大书归大书"。还要给出操作步骤，如：先把图书归在一起，然后把学具归在一起，再把作业归在一起，最后分门别类有秩序地摆放在一起。这些细化的要求在建立孩子的秩序感的初期是十分必要的。"播种一个行为，收获一种习惯；播种一种习惯，收获一种性格；播种一种性格，收获一种命运。"这句话是人们耳熟能详的。但从一个行为到一种习惯，这中间是漫长而耐心的过程。孩子能把东西放回原位一次很容易，但要一直把东西归放得整整齐齐、做事细心周到则比较困难了。有研究表明：一个习惯的养成至少需要 21 天。但在实际观察中，人们却发现习惯的养成远远不止 21 天，之后很容易反复。如果不经常提醒，孩子很容易回到以前的"老习惯"，所以需要教养者的耐心与坚持。一旦秩序的"网络"内化在孩子心里，秩序感就形成了，会逐步转化为孩子的自律品质。

（四）物权秩序

3 岁左右是孩子物权秩序发展的敏感期。在这一时期，孩子会对物品的归属十分敏感，有意识地确定物、事的归属，认为某一物品属于谁，就是谁的，某件事是谁做，就应该由谁做；开始将自己和他人区分开，并逐渐将这种区分延伸到物品、玩具上，常常说"我的""他的"，什么东西都不肯和别人分享，表现出"自私、霸道"，但这是人的天性使然。处于物权秩序敏感期的孩子，不仅语言上重复使用"我的""他的"，而且会因为"保护"自己所属的物品，出现冲动情绪和攻击行为。这一时期的孩子情绪常常处于激动状态，而且不能自制，他们常常通过大声说话或者大声哭泣来表达内心的情绪状态。

孩子未来如何对待物质，是否具备良好的社会交往能力，能否形成正确的价值感、人生观，首先就取决于物权秩序形成的敏感期。如果孩子在物权秩序敏感期的意识、情绪和行为没有受到尊重和正确引导，孩子会因为内心秩序的破坏，感觉这个世界到处都是危险，体验到严重的不安全感。如果这种情况长期出现在孩子的成长过程中，孩子会产生混乱的物权秩序感，导致孩子的物质观、价值观、人生观形成偏差，形成不健康的人格。所以，保护物权秩序形成的敏感期，就等于保证了孩子未来人格的强大、人格的和谐和未来在社会上立足的能力。

孩子所有敏感期中最重要的一个就是物权秩序敏感期。教养者需要充分理解孩子的心理，帮助孩子安全地度过这一时期，构建健康的物权秩序感。

物权秩序敏感期所表现出来的"自私、霸道"，是孩子意识到自己是一个独立的个体的外在反应。这是孩子进行物权归属练习的正常发展的行为表现，孩子通过对物品归属权的确认，来认知自我与物品的关系，并不是真正的自私、霸道。这是教养者尊重孩子"物权意识"，培养孩子尊重他人、保护自我，形成健康人格的有利契机。随着孩子分享意识的发展，自我意识也会出现较大的发展，"我"的意识逐渐清晰，慢慢地就会拥有自尊自主的意识，独占现象也就会逐步减轻。

当孩子进入物权秩序敏感期时，教养者一定要及时分辨，千万不要认为孩子是自私，给孩子贴上"小气"的标签，想着改正孩子的"毛病"，责怪孩子。"这孩子怎么这么自私""你这样小气没有人愿意和你玩""不愿意分享的小朋友一点也不可爱"，诸如此类的话不要讲，要清楚地知道孩子在进行物权归属的练习，允许孩子"自私"，因为"物权"的确立，是孩子要长大、独立的开始。教养者要做尊重孩子物权的有心人，有意识地帮助孩子建立物权观。

在最初的阶段，孩子对于"物权"的理解具有强烈的排他性，甚至会显得非常"不近人情",需要经过教养者的耐心引导,通过对物品归属权的确认,来认知自我与物品的关系,形成正确的物权观。这样才能慢慢走出自我中心,同时保留因拥有"物权"而获得的自尊和安全感。

尊重"物权意识"对孩子的性格发展大有裨益。正确地、合理地帮他们度过敏感期,要从明确物品的所有权,哪些玩具、用品是孩子自己的,哪些物品是大人的或者其他小朋友的开始。如:每给孩子添置一件物品时,就要向孩子说明"这是送给你的",介绍这件物品的名称、主要用途、使用方法、使用时应注意什么,帮助孩子给新物品找个合适的位置摆放好。不任意抛弃和挪动孩子已存放好的物品,更不能够随意窥视。没有经过孩子允许,也不能够随便同意其他人取用他的物品。

教养者坚持尊重孩子的物权,孩子就会渐渐地形成所有权意识,感到自己是这些物品的真正主人,自豪感、责任感、价值感、自主感、自信心会随之增强,进而建立自主决定物品该如何去留和使用的物权秩序感。

在家庭中,为孩子创造一个属于自己的空间,既是他独处、学习的空间,也是他的物品存放处。这个空间有他学习所用的书桌,有他存放玩具和书籍的收纳箱或柜子。应引导孩子有秩序地对物品进行整理,摆放在收纳箱或柜子里。孩子有秩序地使用、保管物品的过程,是自然而全面地主动接受教育的过程,是形成物权秩序感的过程,是培养自律能力、操作能力、思考能力、欣赏能力、共情能力的过程,是提升责任感、艺术感、设计感等优秀品格的过程。

孩子进行物权归属练习时,表现得最为突出的是物品分享冲突。被"我的"意识和情绪困扰的孩子,不仅表现出强烈的物品保护意识,而且伴随有物品占有欲。教养者在这个时候如果苦口婆心或者强制地阻止孩子的物品占有行为,要求孩子实施物品分享,孩子不仅会表现出阻抗,而且还会体验到物权秩序的混乱,因为这破坏了孩子的物权意识。教养者要尽量避免与孩子的物权意识发生正面冲突,更不能够强行阻止与扰乱物权秩序,应该适时、科学地给予合适的引导,循序渐进地帮助孩子构建正确的物权秩序感。

1. 尊重物权意识

尊重孩子的物权意识,理解和接纳孩子维护物权意识的情绪与行为反应，允许孩子当下有拒绝分享的权利。在尊重物权意识的前提下，引导分享，一定要和善地征求孩子的同意。如果孩子不同意，教养者要替孩子表达歉意：很抱歉，他不同意。如果孩子实在不愿意，父母应委婉拒绝对方，不能因为面子而对孩子大发雷霆。孩子只有在得到足够尊重的时候，才更有安全感，以后才愿意敞开心扉，学习与人分享。

2. 激活思维脑

如果别的小朋友想玩孩子的玩具，应征得孩子同意，让其自愿和其他小朋友分享。在孩子不愿意分享时，先不要着急责备孩子，从了解孩子的真实想法入手，激活他的思维脑，使他明白分享的目的和意义，唤醒他分享的内驱力，促进主动分享行为。例如，根据孩子不愿意分享的行为，引导孩子外化内在的真实感觉，"你不想分享这个玩具，是因为怕被弄坏吗？""你是要保护它吗？""你是不是还想玩，所以现在不想分享？""你想在什么时候分享啊？""你想分享给谁啊？"外化孩子内在真实感觉的同时，孩子会启动思维脑，调控消极情绪。教养者可以因势利导，如，借助别的孩子的分享行为，引导孩子"×××把玩具分享给你玩，你内心是什么样的感觉？""×××把玩具分享给你玩，他现在是什么感觉？"当孩子准确描述出自己和他人的感受时，他的分享驱动力被激活。因为人在积极情绪中，会有更多的积极利他行为。可以询问孩子："你把玩具分享给其他小朋友玩，你和他们会是什么样的感觉？"这样能促进孩子对分享的目的和意义的探究，引导孩子树立分享意识。

当孩子对其他小朋友的物品产生占有欲，要拿走或抢夺别人物品时，教养者一定要及时阻止。要提醒他这是别人的东西，如果想玩，必须先询问物品的主人，"这个是××的，如果想玩可以先问下他"，对方没有同意就不能拿来玩。

引导孩子将自己喜欢的物品借给其他小朋友，或与别人的物品交换着玩。和小朋友交换玩具反而能玩到更多的玩具，从而让孩子体会到分享的乐趣。

在孩子物权敏感期，让他尝试把玩具分给别的小朋友，通过练习让他知道玩具是属于他的，分享给别人玩，还是会回来，和别人分享大家都快乐，这样他就慢慢愿意分享了。教养者要明确，我们的目标是让孩子愿意主动分享。

当孩子对公共游乐设施产生占有欲时，应和善而坚定地引导孩子与其他小朋友一起分享，大家轮着玩。在集体环境中，对于那些性格霸道、喜欢独占控制的孩子，可以通过具体事例来让他们感知自己的决定带来的结果。例如，如果因为玩具，孩子和其他小伙伴发生争执，教养者这时就会出来制止，同时这个和自己孩子闹得很不愉快的小朋友，在短时间内也不会再和他玩耍，孩子这时候可能会因此感到挫败和失望。教养者可以等待孩子心情平复后，再与孩子进行交谈，启发他意识到刚才的行为带来的不良后果，帮助孩子掌握与人相处的正确方法。下次再面临相似情况时，孩子自然会寻找较好的方式与对方愉快相处。

童年期是孩子个性培养的关键时期，根据孩子喜欢探索、好奇心强的特点，教养者要尽可能地创设社交活动，积极引导，促进孩子在实践中汲取心灵成长的养分，循序渐进地形成积极分享意识，建立健康的秩序感。

3. 及时肯定

在孩子愿意分享心爱物品的时候，别忘了及时肯定、赞美和鼓励，让他感受到分享的快乐。"谢谢你愿意把心爱的玩具跟×××分享，看到好朋友玩得很开心，你是不是也觉得很开心？"在这个过程中，孩子不仅能够体会到对他人付出的利他行为能够给自己带来快乐，而且提高了分享能力，促进了共情（感受他人的感受）能力，以后遇见相似情况，也会积极应对。

4. 禁止行为

（1）禁止"逗乐游戏"

破坏孩子构建物权秩序感的行为，是必须禁止的。这里特别提出要禁止环境中最容易破坏孩子构建物权秩序感的"逗乐游戏"。

一些成人喜欢逗引孩子，强抢他们手中的东西，引起他们情绪失控，哇哇大哭，愤怒攻击，沮丧无助等，然后还羞辱他们"小气鬼！"殊不知，成人不以为然的小东西，在孩子眼里可能就是整个世界。不经意的"逗乐游戏"，会严重破坏孩子的物权意识，妨碍孩子构建物权秩序，导致孩子产生自我怀疑、自我否定。

当孩子分享给我们物品的时候，如果说"我是逗你的，我不吃，你吃吧"，孩子的分享行为没有得到肯定、鼓励和强化，就会体验到失望、无价值感和效能感，自尊心受到伤害，会把分享和失望联系在一起而享受不到分享的快乐，慢慢就不愿意分享了。所以应该禁止这样的言语和行为。

（2）禁止"大让小"

多子女家庭中，禁止父母强迫大孩子让着小的。父母的这种做法，首先会让弟弟（或妹妹）产生物权认知的混乱，形成不健康的物权秩序感，认为"我想要的，就必须得到"，从而出现严重的物权归属偏差行为，共情力匮乏，不懂得分享。而对于姐姐（或哥哥）来说，这种做法显然是不公平的，他们会怀疑父母对自己的爱，感觉受到伤害，拒绝合作和利他。

（3）禁止强迫"分享"

孩子的物权意识需要得到环境的认可，尤其是来自父母的认可。强迫孩子"分享"会造成物权认知的混乱，妨碍孩子构建健康的物权秩序感。

教养者切忌强迫孩子分享。当发现有小朋友喜欢自家孩子的物品时，禁止家长替孩子做主，把物品交给他人，或者命令孩子跟别的小朋友"一起玩儿"。这种强迫性的分享行为，会对孩子的心灵造成持久而严重的伤害。

在家长的强迫下把物品分享给别人，会导致孩子更加排斥分享。他们感受不到分享的快乐，反而体验到被剥夺、不被尊重的痛苦。在负面情绪的影响下，孩子更加拒绝分享。

在物权意识萌芽的敏感期，保护好孩子暂时的"占有欲"，培养好的、正确的物权意识，比盲目地让孩子学会"分享"更为重要。

（4）禁止急于求成

培养孩子的物权秩序感，一定要循序渐进，禁止急于求成。

积极分享是建立在个体的自主意愿之上的利他行为，从婴儿期的耳闻目睹，到亲子互动游戏，日常生活的物品归类、整理玩具、整理房间，慢慢过渡到社交活动中的自己、别人及公共物品的归属意识，根据孩子的发展规律，内化物权秩序，逐步强化而形成物权秩序感。需要针对孩子不同的物权秩序需求因材施教，注意循循善诱，不能操之过急。给孩子充分的时间与空间，通过反复提醒与强化训练增强其秩序感。

如果父母从满足自我"被社会认可"的需要出发，漠视孩子的心理发展规律，不尊重孩子的意愿，急于求成，就会破坏孩子的物权秩序，不但不能够促使孩子形成健康的物权秩序感，而且会对孩子的心灵造成伤害，导致孩子茫然、混乱、安全感匮乏。

通过家长耐心引导，孩子会拥有"我的东西是我的，不用担心失去"的安全感，同时感受到分享带来的愉悦和满足，主动与他人分享，从而构建健康的物权秩序感，培养利他的品格。心理学研究发现，健康的物权秩序感，对孩子未来的自我表达、自我边界感、自律、社会交往等方面的优势品格的形成都有深远的影响。

孩子在具有安稳的秩序或规则的环境中生活，能最大化地减少心理混乱和茫然，有利于孩子的身心发展。

二、环境掌控安全

孩子对于威胁或者危险非常敏感且反应强烈。他们没有足够的经验去辨识危险程度，没有足够的能力去处理威胁，没有足够的智慧去进行情绪管理，也不会抑制对威胁或危险的反应。

（一）社区环境的掌控

孩子掌控安全的满足首先由安稳的环境提供。孩子希望在有边界、有规则、有秩序的环境中生活，能够感受到生活环境安稳、安全，在他的掌控之中。孩子缺乏应对不一样的生活环境的经验，在自己不熟悉的环境中，就会因感到不安全而焦虑。

孩子健康成长不仅需要安稳的家庭环境，还需要安稳的社区环境、学校环境。

> 亲子冲突咨询中，有这样一位女士告诉我，她51岁了，至今没有至交好友，也没有值得信任的人，包括丈夫和27岁的儿子。
>
> 咨询中了解到，这位女士在整个上小学的五年时间（当时的小学是五年制），随父亲工作变动，换了五所学校。初中两年（当时的初

中是两年制）换了三所学校。在这七年期间，只在小学五年级与一位女生走得较近，算是她人生中第一个好朋友，也是最后一个好朋友。因为当她们刚刚成为好朋友不久的一天，这位同学的母亲就向她的母亲借钱。当时她们家里的确没有余钱可借。第二天，好朋友来到学校，就当着全班同学骂了她。她当时既害怕，又伤心，无力表达她的愤怒。从此以后，她非常强烈地排斥与他人交往，总是独来独往。因为不断流动，更换学校，整个读书期间，老师漠视她，同学欺凌她；没有肯定，没有鼓励；社交缺失，内心动荡。

上述个案中这位女士在童年期是典型的"流动孩子"。童年创伤、人际交往问题和低自尊，是亲子冲突的关键因素。

"流动孩子"是指流动人口中 0~17 周岁的孩子。"流动孩子"不断变换社区环境和学校环境，随时要应对新环境和人际联结的困扰，渴望满足接触、亲密、归属的需要。如果父母不重视或无力帮助孩子在新环境中构建和谐的人际关系，满足归属感，获得自尊感，孩子会因为安全感、归属感匮乏而产生低自尊，严重影响心理健康。

上述案例中的女士，童年居无定所、颠沛流离，安全感匮乏；长期的焦虑、不安和茫然的困扰，导致低归属感和低价值感；构建和谐人际关系的经验缺失，社会交往技能匮乏。这些童年创伤，导致成家之后严重的夫妻、婆媳、母子关系冲突。

心理健康状况成为"流动孩子"面临的最重要的问题。"流动孩子"普遍存在流离感（流动人口）、陌生感（不断变化的生存环境和团体组织）、孤独感（身处异乡、情感联结缺失）、无价值感，心理失衡、行为失范的问题突出。个别孩子由于对不良社会行为和生活方式缺乏认知能力，受外来不良社会因素影响，出现偏差行为，严重的甚至成为"问题孩子"。这些问题如果不引起高度重视，将会由于社会流动性增强、家庭活动的分散化、传统社区的瓦解、代沟的扩大而进一步恶化。

大量研究结果表明，处于义务教育阶段的"流动孩子"的心理健康状况令人担忧，主要表现在情绪问题、行为问题、社会适应问题、学习问题、性格问题等方面。不少流动孩子自卑心理较重，自我保护、封闭意识过强，行为拘谨，性格内向，不愿与人交往。最为突出的问题是性格缺陷、行为障碍等。

（二）财产保护的掌控

孩子内心深处的安全，还来源于对自己的心爱之物（物品、宠物等）的保护和掌控。如果孩子的物品，特别是非常喜爱的物品，被父母或他人自作主张地随便处理，他会因为物品的丧失而感到沮丧，甚至伤心欲绝。家长应该接纳、尊重和保护孩子喜欢的所有东西，哪怕这些东西在成人眼里是那么不值一提，如花花草草、小玩具、宠物、昆虫等。如果是因为特别的原因需要处理，应该主动、及时向孩子说明，征求他们的意见，并获得他们的同意。

当孩子对某物品或情感联结充满怀疑和不可确定感，即缺乏掌控感时，就会产生对未来的不安、担心，安全感匮乏。这些消极情绪会严重影响孩子，使他们做出满足内在安全感的决定。这些决定往往会导致他们出现偏差行为。如前面案例中的小小，她决定要用所有能够挣钱的方式，挣很多的钱，创立一所"流浪狗之家"。

（三）突发事件的掌控

孩子面对环境中突发事件的刺激，反应会很激烈。突然从父母身边离开，面对陌生的面孔、陌生的环境、陌生的声音以及陌生的行为等，孩子会感受到紧张和焦虑，常常会引起威胁或者恐惧的反应。特别是在面对环境中出现的疾病和死亡威胁时，孩子会产生强烈的依附需求。如果孩子长期生活在这样的环境当中，面对这些环境中的新刺激反应，没有得到父母积极且及时的安抚与引导，就会被焦虑左右，感觉没有能力掌控环境的变化。这将会导致他们在未来特别惧怕改变，或者是不愿意追求新鲜事物和创新。

三、躯体变化的掌控

我们看到孩子对各式各样的身体不适有强烈的反应，能够感受到他们对身体的安稳和掌控的迫切需要。这些身体上的不适、伤害、病痛似乎立即就会让孩子感受到疾病以及死亡的威胁,让孩子因为害怕而产生巨大的不安全感。例如,孩子对呕吐、疼痛或者其他不小心的外伤等,都会产生似乎过于激烈的反应。还有如因为吃了不好的食物而生病的孩子,在一两天内会感到害怕,做噩梦等,并且还会要求父母的保护和对自己身体健康的保证。巨大的病痛,如外科手术等对孩子心理的影响会更大,一切过去曾是稳定的东西现在变得不稳定了,他们的内心会充满恐惧、担心、焦虑,从而用不同的方式看待整个世界,好似整个世界突然从阳光灿烂变得暗无天日,希望得到父母的关怀和保护。

如果这些消极情绪没有处理好,孩子的一生都可能会受其困扰,在相同情况中出现类似的情感反应。所以,父母在陪伴孩子成长的过程当中,既要充分了解孩子对身体的掌控需求,也要帮助和引导孩子正确评估伤痛对身体健康的影响。

> 55岁的陈女士在丈夫的陪同下来到咨询室。丈夫叙述说,妻子近来因为有时咯痰会有一点血丝而寝食难安。多家医院的多次检查都判断为轻微的鼻炎。但是妻子对身体的担心愈来愈严重……
>
> 通过了解,陈女士特别关注自己的身体,只要身体有一点不适,她都会感到很受伤、焦虑、害怕。她会反复去医院询医问诊,并主动要求医生给予相关的全面检查,并且不停地向他人叙述自己有多难受……
>
> 咨询了解到,陈女士是父母高龄生育的孩子,在成长过程当中,父母非常恐惧她的身体的不适反应。每当陈女士身体稍有不适,父母就表现出焦虑、恐惧,总是"关怀备至"。陈女士对身体不适的情绪反应与特别关注行为,是童年时期父母在相关景况中的情绪反应的再现。

父母要重视孩子身体不适时的情绪反应,不能漠视,更不能恐吓,也不能过于敏感而紧张、害怕、焦虑。父母要做到积极关注,适度爱抚,悉心照顾。同时,父母应科学引导孩子正确认知身体不良反应的危险,正确处理身体不适状况，正确辨识和管理焦虑情绪，提高孩子对身体变化的掌控能力，及时满足孩子希望身体安全的需要。

真正的安全感让人感到安稳踏实，拥有生活的自主选择权。真正的安全感不仅能够提高个体生存的积极性，而且是生命系统的一部分，在个体发展过程中不断产生着作用，帮助个体向更适应生存的方向发展。

安全的需要，对于个体的人生观、世界观、价值观都具有强大的影响力。父母要把孩子身心安全的需要视为健康幸福成长最为重要的需要，并给予满足。

第二章 社会联结

人天生都有与他人相互联结的需求，这种与他人建立的联系，我们称为社会联结。社会联结的深层次动机是满足归属的需要。

不论社会怎样发展，人类终究是并一直会是一种具有社交天性的动物，希望在社会交往中获得归属感。所有人都希望获得归属感，心智没有完全成熟的孩子尤其如此。

归属感来自个体与所属群体间的一种内在联系，会带来对自己的生命或存在无条件的喜爱的感受。归属感匮乏的人常表现出缺乏激情、不积极、无责任感等。

第一节 社会支持

社会联结的基本目标是满足社会支持的需求。

一、生存支持

人渴望社会联结，是与最基本的生存需要联系在一起的。社会联结这种迫切需求的动机从婴儿期开始就存在于每一个人身上。

人自出生那一刻起，就非常需要与一位尽责的照看者（通常是母亲）建立起社会联结，满足被照顾的需要，获得生存支持。这是人最重要的、必不可少的需要。自出生起，人不仅仅需要食物，还需要受到照顾、关怀，直到成长为一个能够独立生活的成年人。否则孩子的生长发育会受到很大的影响，甚至导致死亡。人的社会联结与生理需要、安全需要同等重要。

阿强十岁那年，父亲以承受不了抚养三个孩子的生活压力为由，将他们兄妹三人寄养在村里一位阿婆家，带着他母亲一起出去打工，他们兄妹三人成了村里第一批留守孩子。那一刻，他第一次体验到无助的感觉。

父母离家打工后不久，家里便买了电视机，成为村里第一个有电视机的家庭。对于当时每月交电费都是巨大压力的村里人来说，电视机可是很奢侈的物品了，同龄人很羡慕阿强。在旁人眼里，他的物质生活无忧无虑，却没人知道，这一切都不是他想要的。他想要的生活跟村里的同龄人一样，每天晚上放学回家能看到父亲那熟悉的脸庞，能吃到母亲做的饭菜。渐渐地，他的内心充满了恐慌、不安；一点小事情都会让他情绪失控，与他人发生冲突；他叛逆，不能够安心学习，成绩一落千丈；经常一个人偷偷地在被窝里哭泣。

对父母的思念使他变得茫然不知所措，无助与恐惧。

他是多么厌恶自己在别人眼里的丰裕生活，谁也不知道他多么想结束这样的生活。他变了，变成所有人都无法接受的人了，他自己都觉得认不清自己的模样。整日抽烟、喝酒、逃课、打架、偷农作物寻求刺激。他想通过这样的（偏差）行为，引起父母的关注，获得父母的爱。但他越是这样做，越得不到别人的理解。亲人们都排斥他，认为他不理解父母的爱，不懂父母的辛苦，不知感恩。

阿强闲下来时，总是喜欢观看和抚摸自己身上的每一处伤疤，边看、边摸、边默默地流着眼泪。每一处伤疤都有一段刻骨铭心的记忆，只有他知道其中的故事，但他不想说。怀念、伤感、迷茫，他在彷徨中挣扎，但总是被现实的诱惑拉入更大的深渊。

人天生就喜爱社交，喜欢与亲朋好友待在一起。所谓的联结，并不是在社交网站里那样虚拟的联系，而是现实中与家人、同伴在一起，情感交流、情感共鸣，有着共同目标的联结。

二、真爱

以促进自己与他人心智成熟为目标的爱，才是真实的爱。

（一）爱的目标一致性

爱与非爱最显著的区别之一，就在于当事人在爱的互动过程中，意识和潜意识中的目标是否一致。如果不一致，就不是真正的爱。当一个人满足了爱的需要，在爱中感受到付出和接受的滋养时，他的心智会逐步趋于成熟。

> 一位缺乏独立、胆小拘谨的来访者这样描述妈妈的爱：妈妈对我的爱太深了！她怕我受到他人的伤害，从上幼儿园第一天开始，就天天开车接送我上下学。到高三上学期，她仍不肯让我一个人乘车上学，十多年来给她增加了许多负担。在高三下学期，我苦苦哀求和承诺，她才终于同意让我独自一人乘车上下学。她真的是太爱我了！

通过咨询，他逐渐认识到，妈妈爱的行为，阻碍了他心智成熟。这种爱的动机，可能是控制、依附，也可能是童年创伤在现实情景中的再现。我们可以说，这种爱，就不是真爱，或者说，这不是孩子健康成长需要的爱。

（二）心智成熟的原动力

亲子之爱是指父母愿意为孩子无私奉献的情感态度。在爱孩子的情感表达和行为当中，让孩子享受幸福的生活，促进爱和被爱双方心智健康成长，我们把这种爱叫作真爱。如果真爱匮乏，孩子就会感到控制、压抑，内心充满孤独与无助。

在亲子之爱的渐进过程中，父母的爱在促进孩子心智渐进成熟的同时，也在不断拓展和调整自己的心理容量和状态，丰富自我的心理生活，使自我更加成熟。这意味着心灵的不断成长和心智的不断成熟。即，我们接受和付出爱，既是爱自己，也是爱他人，不仅能让他人的心智成熟，同样也能使自己获益，让自己和他人都获得成长。

三、安全型依恋

安全型依恋来源于安恩沃斯（Mary Ainsworth）的"陌生情境实验"研究结果。安全型依恋的孩子在陌生情境中，把母亲作为"安全基地"，去探究周围环境。母亲在场时，孩子会主动向外探究；母亲离开后，孩子产生分离焦虑，探究活动明显减少，容易被陌生人安慰，但母亲的安慰更有效；母亲返回后，孩子以积极的情感表达依恋并主动寻求安慰，即使在忧伤时，孩子也能通过与母亲的接触很快平静下来，然后继续探究和游戏。

（一）什么是安全型依恋

安全型依恋是指在亲子互动关系中形成的内在情感安全的心理倾向，是亲子感情上的连接纽带。如果家庭教养满足了孩子健康成长需要的爱，孩子就会形成安全型依恋。

安全型依恋的建立是从婴儿出生开始的一个长期的过程，是婴幼儿与照顾者之间，特别是与母亲之间形成的一种健康的情绪联结。

心理学家哈里·哈洛（Harry F. Harlow）对恒河猴做了相关依恋的实验。这个实验说明了婴儿之所以"在意"他们的母亲，不仅仅是因为母亲的出现能够满足他们需要的食物，还因为母亲能满足更强烈的需要——依恋连接。

哈洛把刚出生的猴子与它们的母亲分开来饲养。他在实验室里制造出两只"猴子"替代物来充当它们的母亲。其中一个替代物用铁丝编织而成，形状很像成年猴子，它能够为新生猴子提供生存所需的牛奶。另一个替代物是一块包着一层海绵橡胶的木头，最外层则用绒布包着，也做成了成年猴子的形状，但是这只布"妈妈"并不提供牛奶。然后，哈洛对新生猴子进行了跟踪调查，他想看看这些新生猴子会对哪个替代物更为依恋。结果发现，刚出生不久的猴子每天都要花费将近18个小时与绒布猴子替代物待在一起，而几乎不与提供食物的铁丝网猴子替代物待在一起。这个结果证明，婴儿依恋母亲并不是因为对食物的需求。这些猴子更亲近那些让它们感觉更像真正的母亲的东西，而无关乎这个"妈妈"是否提供生存所需的物质。

第二次世界大战期间，心理学家在寄宿制托儿所里观察孤儿和弃儿，发现这些孩子因为得不到一般孩子通常都能体验到的温暖和爱，这种情感就会以痛苦的形式表现出来，然后很快就会变成号啕大哭。深入研究后，心理学家发现，个体天生就有一个负责监测自己与照看者之间的亲密程度的"依恋系统"，当照看者与自己拉开了距离时，这个依恋系统就会变成一个"警报器"，用号啕大哭发出求救信号，要求照看者回来照看自己。对一个婴儿来说，与照看者保持联结是他的第一目标。

正因"依恋系统"的存在，我们才会对社会联结具有极其强烈的需求，才会有成年人对婴儿的啼哭做出强烈的反应，也才会有对他人发出的联结信号的积极回应。这也就意味着，人类永远不可能摆脱被社会排斥的痛苦，我们终身需要社会联结，一生都需要被他人喜欢，被爱，否则我们就会感到痛苦。这就将社会联结与社会痛苦联系在一起了。

依恋理论告诉我们，留守孩子不仅需要父母提供食物，也需要父母提供温暖和爱。父母给孩子提供的温暖和爱能够激发孩子的爱与感恩等美德，是构建孩子健康人格的基础。

健康的亲子依恋关系，表现在父母对孩子的照顾行为、情感表达与孩子的期待和情感需求反应的一致性。如父母对孩子的行为信号，例如微笑做出及时、准确的反应，与孩子情感共鸣。孩子如果能体验到情感联结的满足感，依恋系统就会积极发展，对未来信任而开放。安全型依恋是成长的驱动力，其主要功能是提供保护和情绪安全感。

在安全的成长环境中，孩子与父母用心经营的亲子之间的感情，是带有成长目的的积极关系行为，孩子能从中满足获得爱与归属的需要，是自我接纳、自我肯定、自我尊重、自我实现的前提。

每个人都能从别人的反应中了解自己，成长中的孩子更是如此。如果父母对孩子的照顾行为、情感表达与孩子的期待和情感需求不一致，表现出混乱、无计划、不准确，甚至虐待，成长中的孩子就感受不到被接纳、被拥抱、被触摸的温暖，取而代之的是挫败、无助。如果这种痛苦长期伴随孩子，就会影响孩子对他人的看法，他会认为家人很难接近，他们都不喜欢自己，自己是不可爱的，出现孤独感、无力感，认为活着是没有价值的。于是，他就可能会得出这样一个结论："我是个一无是处的人。"进而，他变得低自尊，好似庄稼没有松土、施肥、浇水一样，不仅不能够健康生长，严重时还会死亡。虽然孩子可能没有意识到，但像这样的一些经历可能已经内化为他的行为准则。"不要寻求帮助，无论如何你都会被拒绝的""在被发现之前赶快溜走"，以防止遭受漠视、批评和拒绝，把自己的需求压抑到最低水平。这样的孩子对自己的人生不抱有积极的信念和生活态度，没有生活的勇气和发展的动力，内心茫然而无激情。

安全型依恋关系缺失还会影响孩子的心理健康。如果孩子自我没有觉察和意识到需要寻求帮助，很可能他就不会得到任何帮助，也不会找到愿意帮助他的人。他可能会一直被低社会价值感、无力感所困扰，习惯把自己藏起来，做事不主动或者是奉行完美主义。为了防止失败和被拒绝，他们会做出各种努力。一旦走上这条路，改变就没有那么容易，会错过学习更多东西和更好发展的机会。

（二）安全型依恋关系的促进作用

安全型依恋关系是孩子健康成长的积极心理力量的源泉，是孩子自我实现的港湾。

1. 促进孩子形成积极的人际交往模式

我们的亲密关系从出生时就开始了，心理学研究发现，原生家庭的亲密关系为我们以后的人际沟通模式打下了基础。每一个人所表现出来的人际交往模式，都起源于原生家庭的人际交往模式。原生家庭的关系通常反映了我们对父母的依恋程度，往往体现在个体童年时期与其照看者之间的互动过程当中。人出生最初两年在家庭中与父母形成的亲密关系将持续到我们成年，逐步形成自我对人际关系的认知、情绪及行为。人生最初两年形成的一套"人际关系工作模式"，也影响到我们社交的方方面面。

如果父母能快速准确理解婴儿传递的信息，迅速且始终如一地对孩子的需求做出积极反应，孩子就能形成安全型依恋关系。当孩子在建立人际关系并产生行为时，就会按照成长过程当中所形成的"人际关系工作模式"，按照符合早期亲子依恋关系的那种方式，产生对新关系的认知、情绪及行为，建构与自我期望相一致的人际交往。在安全型依恋的家庭氛围中长大的孩子，性格开朗活泼，自尊心强，求知欲强，适应力也强，在社交中非常擅长观察他人的情绪，并能积极地回应。通常来说，他们友好而又非常容易相处，是非常受欢迎的人。从这个意义上讲，安全型亲子依恋为之后的"人际关系工作模式"搭建了一座桥梁，将孩子早年体验到的不同养育方式、信念、期望整合、联系起来，影响后续的亲密关系中的活动。这在低龄孩子身上表现得最明显。孩子只有把与父母的依恋作为安全基地才能有效地探索周围环境，建构适应终生发展的特质，这种特质不仅可以提高个体生存的可能性，而且存在于整个生命过程中，是生命系统的一部分。"从摇篮到坟墓"的全部人生阶段都具有亲密关系依恋行为，依恋关系在个体的人生中不断发生着作用。

安全型依恋的特征是对环境的探索与父母的接触之间的平衡、和谐，孩子愿意探索与成长，只在必要时才会向父母寻求安慰，获得力量。在安全型依恋关系中，孩子对自己充满信任，感受到自己被爱和被支持，在成长的过程中充满勇气和力量，也更加受人欢迎。他不会总是担心被别人抛弃，也不会有"在被对方抛弃之前就抛弃对方"的防御心态和行为，而总是用恰到好处的积极行为与方式处理冲突。在遭遇情感困扰或产生社会支持需要时，能够积极主动地寻求朋友、家人等社会资源的支持，助力自己获得更多的积极心理力量，突破困境，适应环境。

2. 促进孩子信任而开放

安全型依恋为孩子的人生奠定了两个重要的成长要素："信任"和"开放"。

人都有依附的需要，通过感受依恋对象的"安全基地行为"来确定是否将其作为探索的安全基地。处于安全型依恋关系中的孩子，在人际交往中能让双方都觉得舒服，不会担心孤独或别人不接受他，能够持续地信任他人，并愿意开放自己和他人建立连接、互相支持，产生亲密和爱的感觉，对未来充满希望。信任而开放的心理，促进个体向着积极生命方向发展，抓住机会，不断学习和探索，不断拓展人际联结，不断促进健康发展，最终成长为积极适应社会的人。

与之相反，低安全型依恋关系中的孩子缺乏健康成长所需要的爱；某种情况下可以说，没有"足够好"的妈妈或养育人，孩子可能会认为是自己不"足够好"。低安全型依恋关系的孩子在孩提时代就开始表现出某些特征：对他人不信任或冷淡，更关注自己的智力活动，压抑自己真实的情感需要，不开放；面对他人的情感反应表现得很矛盾，与别人亲密时，会感到有些不舒服，觉得自己很难完全相信和依靠别人；当别人与自己太亲密时会紧张，当别人表现出亲密的需要时，会感到不自在，很焦虑。这类孩子总是希望别人按照自己期盼的方式与自己联结，且缺乏安全感，经常担心和怀疑对方不是真心关爱自己，往往会表现出逃避亲密或过度夸张的亲密，造成情感联结障碍。这是因为他们没有从原生家庭中获得安全感，没有建立安全型依恋。

3. 促进孩子发展积极自我概念

童年的经历多数都与亲子关系有极大关联，亲子关系是人出生后形成的首要的也是极为重要的人际关系，孩童时期与父母的互动模式及某些特殊经历会直接影响孩子的社会化。孩子感知到父母传递给他的信息，通过大脑镜像神经元作用而储存、内化形成了对自己、对他人、对世界的普遍性看法，形成独特的自我意识，由此形成了适应这个世界的生存策略，为成年后的生活提供模板。一般来说六七岁的孩子已经在大脑中形成应对他人的方案。

安全型亲子关系是孩子成长的安全港湾，自我实现的力量源泉。在孩子的成长过程中，父母应为孩子营造积极、安全、平和的生存环境，好似给庄稼松土、施肥、浇水一样，满足孩子成长需要的爱，让孩子能够在平和宁静的环境中生长，感觉到安全，积极拓展社会联结，情感真挚，内心充满力量和希望，积极思考，自我管理。

如果孩子感受不到健康成长需要的爱，就会缺乏生活的勇气和发展的动力。如果没有及时修复缺失的安全型亲子关系，孩子在青春期遇见困难、挫折或情绪困扰时就会退缩，或者出现偏差行为，如离家出走、辍学，甚至走向歧路。

家庭中，父母要探寻亲子之爱的真谛，构建安全型亲子关系。但是，现实生活中不少人的亲子关系是不稳定的，或者说是扭曲的，孩子并不能真正感受到父母的爱。如果在心理发展中爱的需求得不到满足，孩子可能会表现出两种不同的依恋方式。

第一种是过激依恋方式，也就是非但不放弃寻求亲密的企图，反而更加强化这一企图，直到获得依恋对象的关心或回应为止。由此我们就不难理解一些孩子出现攻击行为的深层次心理需求——寻求亲密。我们应该高度重视探索孩子的"不良"行为所表达的真实的需求并做出适当回应。

第二种是不激活的依恋方式，也就是个体最终放弃寻求依恋的企图，并以转移注意力等消极防御的方式来逃避依恋对象。压抑自我需求，或通过"妈妈式"无微不至地照顾对方获得需求满足，使对方感到窒息，想方设法地拒绝或摆脱。这种依恋方式来源于父母的冷淡、漠视等亲密关系严重缺失或者是父母关系严重不和谐，形成了"以后我要好好照顾我的孩子或伴侣"，或者是"夫妻间就应该这样忍辱负重"等"人际关系工作模式"。

大一学生小勇因为两次自杀未遂、亲子关系冷漠前来咨询。

小勇因为父亲过度的"爱"、无微不至的关心导致长期窒息般的压抑感和无力感而发生自杀行为。自杀未遂后的小勇，开始漠视父亲的关怀行为。父亲一味否定小勇的情感表达与需求，坚持用"妈妈式"的爱无微不至地照顾小勇，满足自我情感依恋的需求，并且指责小勇的自杀和漠视行为是不懂感恩，使感到窒息的小勇想方设法地拒绝或摆脱他。

咨询中了解到，父亲的原生家庭中，他的父亲漠视他与母亲的情感依恋需求，长期酗酒，家暴。小勇父亲最终放弃寻求与父亲依恋的企图，压抑自我需求，逃避与父亲的交往，形成"我一定要做一个好人，父母才不会抛弃我。长大了，我一定要好好照顾我的儿女，一定不让他们受一点委屈。他们才会认为我是一个好人"的想法。这是一个典型的潜意识里在原生家庭中因父爱缺失所做出的人生决定，自发反映在成年后的新生家庭关系中。这也就诠释了成人的偏差行为和心理问题的根源是成长过程当中未满足的成长需求。

忽视健康成长需求的爱，实际上是将自我未满足的需要强加给自己身边的人，这不是对方需要的爱，不是真爱。对方会因为这份不需要的爱，体验到强烈的窒息感和无力感，严重时会失去生存的勇气。

长期处于过度照顾或冷漠的亲子互动关系中的人，像一个没有长大的孩子，以自我为中心，要么渴望别人过度关注和照顾自己，要么就会觉得世态炎凉，感到严重的无助和孤独，一直被负面情绪困扰。他们不会经营自我家庭关系和其他人际关系，导致人际交往障碍，不能够适应社会。这就形成了消极"人际关系工作模式"的循环，严重影响自己及家庭成员的健康与幸福。

我们呼吁，家庭教养要重视孩子安全型依恋关系的建立和发展。安全型依恋关系将陪伴孩子终生，影响其人际关系乃至人生幸福。

四、合作的需要

合作是人类的天性。社会联结的根本目标是与他人合作，被社会接纳，获得社会支持，让自己强大起来，减少伤害，健康生存。人们通过社会合作整合资源，获得归属感、安全感，感受自我的强大。唯有与他人合作，才能够集聚更强大的力量，战胜环境中的危险与伤害，促进人类的发展。缺乏合作品质的个体，最终会被他人嫌弃，被社会淘汰。

所以，激发孩子的合作天性，培养孩子的合作能力，能够促使孩子被他人接纳，得到社会支持，自我更好地发展。

合作是人类社交生活的目标，社会联结是建立社交生活的基础。共情能力、利他行为是合作的驱动力。而这些能力都隐藏在父母对孩子健康成长需要的爱中。孩子通过父母的爱，建构积极的社会联结，充分利用和发展社交生活，实现社会合作。

家长应该引导孩子理解自己的社会动机，明白伤害别人的感情往往要比身体攻击更严重，更持久，它会破坏我们的联结需要，破坏我们建立合作共赢的需要，破坏我们更加强大的需要。还应该告诉孩子，人的天性中的利己需求，往往要通过社会联结的合作和利他行为才能够得到满足——积极利己。我们可以不刻意压抑自己的任何一种需要，但是，我们应该掌握如何在不损害社会（他人）利益、不伤害社会联结、不违背社会正义的前提下满足自我的需要。

第二节 社会接纳

人类与生俱来的心智解读系统，促使个体被社会接纳，具有稳定的社交圈。在人类进化历史中，社会联结需要越得到满足，社交圈越稳固，我们就越能够了解社会环境，我们的内心就会越安宁，生活也会越好。

一、稳定的社交圈

从进化的角度来看，人类天生就会将注意力转移到社交圈上，有希望了解社交圈，关注社会接纳和认可的倾向。这在青春期孩子身上表现得更为突出。这是让他们在社交圈里获得存在感、拥有积极情绪、构建自我资源、激发自我学习驱动力最重要的事情。成长中的孩子通过父母构建的社交圈寻求社会接纳，并自主地构建社交圈，获得社交技能，促进自我发展。

当下一些家长忽视了孩子的社会接纳动机，认为孩子的重要任务是学习，或是误解孩子"早恋"等。这些错误认识会扼杀孩子的社交动机，压制其社交的需要。这些家长所采取的方法往往表达的就是"请关闭你的社交需求"，压制孩子的社会化冲动和社会化情感，导致孩子不能够形成稳定的社交圈——社会交往群体，社会接纳需求严重匮乏。为了形成稳定的社会交往群体，他们不能够集中精力专心致志地读书、学习，而是采取多种不愿让家长知道的隐蔽方式，如传纸条、活跃于社交平台和聚会等，去寻求和实现社会的联结，寻求他人的接纳，构建自我的社交圈。青春期孩子如果处于这样的情形下，往往容易误入歧途，严重时，会直接影响终生幸福和发展。

成长中的孩子非常希望在学校学到知识，但是他们更迫切想了解的是自己所在的社交圈，他们急于知道这个社交圈的"工作原理"是什么，怎样才能被这个社交圈接纳。他们需要寻找到一个适当的位置，以此为基础，构建自己需要的或者更大的社会联结，以便得到更大限度的社会接纳，提高自己的社会位置。

二、塑造高效的社会脑

孩子进入青春期后，迫切希望进入社会，身体也在不断发生变化，神经网络逐渐完善，荷尔蒙水平迅速增高。因此，家庭（学校）教育应该更加重视孩子社交的基本需求。在未来的绝大多数职业中，社交技能至少与目前学校所教的知识与分析能力同样重要。社交技能对大多数人的职业成就或个人发展前途起着重要的作用。

我们应充分认识到，不断发展的社会脑需要有关社交圈的准确信息给予滋养。同时，孩子要弄清楚社交圈错综复杂的各种信息与情况，准确判断人际交往信息所表达的真实需求，以及如何将自己的需求准确传递出去等。这些对社交圈种种信息的了解、判断与传递，不仅可以促进大脑的开发、利用与发展，还能够通过提取社会脑中所储藏的社交知识和技能，应对错综复杂的信息，促进大脑社交网络相关神经系统的发展。

三、获得社交技能

社交技能是孩子实现社交接纳的重要因素。孩子如果社交技能匮乏，没有亲身经历对社会信息的思考、应对，也就不可能在人际交往中发现交往技能的对错，更不可能通过人际互动的反馈信息，去判断和调整人际交往认知与方法。没有健康积极的社交技能，孩子便不可能很好地实现社会接纳。

社会交往认知与方法出现偏差的原因，可能是在成长中形成的各种各样的社会认知偏差和自我判断错误，包括但不限于归因错误、虚假的共情效应、情感判断误差、小团体的偏爱、低自尊现象等。而这些人际判断错误，会直接导致孩子的行为偏差。如果没有人帮助孩子，指出这些偏差认知和偏差行为，就会直接破坏孩子的社会联结中人际关系的亲密度，最终会导致孩子出现情绪问题，严重时会影响学业成绩和健康发展。

在孩子（特别是青春期的孩子）成长过程当中，给予适当的指导，就会使得他们犯这些错误的可能性显著降低——尽管无法完全消除这些错误。这些指导也恰恰是孩子（特别是青春期的孩子）最渴望了解的社交知识和最急于掌握的社交技能。

但是许多孩子的社交联结和人际交往技能的培养，常被父母忽视，许多孩子只能从电视、电影中，或从那些与自己同样茫然的同龄人的评价中获得一些含糊不清的信息。只要给予科学的引导，加上自我学习与实践，孩子完全能够成长为一个拥有更优社交技能的成年人。毫无疑问，家庭、学校如果有意识地为孩子传授这些知识和技能，肯定会吸引孩子的注意力，受到孩子的喜爱，促进孩子构建更加和谐的人际关系，让孩子表现得更加积极。家庭和学校可以创造条件为孩子搭建社会联结平台，特别是为青春期孩子搭建积极社会联结舞台，科学地引导孩子正确理解社交联结，促进孩子参与更多的积极社交，满足孩子社交的需要。在学校的日常班级活动、家庭的日常陪伴互动中，都应该有意识地向孩子传授正确的社交知识和技能。可以每天坚持用 10~20 分钟的时间，有针对性地开展社交互动交流活动，这有利于孩子在学习过程中更加活跃，能够有效地促进孩子发展。

四、归属感

归属感，是指个体与所属群体间的一种内在联系的心理感受。具体表现为：个体对特殊群体及其从属关系的划定、认同和维系的心理感受；个体在所属团体中的认可与接纳的心理感受；个体心理上的安全与落实的感受。

心理学研究表明，每个人都害怕孤独和寂寞，希望自己归属于某一个或多个群体，如家庭、工作单位等。人们希望加入某个协会、某个团体，这样可以从中得到温暖，获得帮助和爱，从而消除或减少孤独感和寂寞感，获得安全感。

学校归属感（sense of school belonging）这个概念在教育学和心理学领域已经广为人知。Goodenow（1993）提出，学校归属感是学生在学校环境中得到老师和同学们的接纳、尊重和支持的感觉，在学校生活和课堂活动中感觉自己是重要的一部分。De Vos 和 Dijkstra（2000）把学校归属感定义为，学生感觉到自己是班级或学校的重要一员、被他人接受、被他人认为有价值及与他人成为一个整体的一种情感。L. H. Anderman（1999）指出学校归属感就是学生在一个特定的学校内感到自己是受人尊重的，是舒服的，2003 年，他在原有基础之上完善了对学校归属感的理解，认为学校归属感提及的是学生观察到的教学的社会背景以及他们认为自己在学校结构中的位置是怎样的一种感受。中国学者徐琴美（2005）等人指出，学校归属感是学生对自己所就读的学校在思想上、感情上和心理上的认同和投入，愿意承担作为学校一员的各项责任和义务以及乐于参与学校活动。

心理学家通过实验证明，开展提升孩子社交技能的心理培训和提升学生归属感的活动训练，能够促使孩子充分体验到社会联结，使他们变得有归属感。归属感得到强化的学生的成绩得到了持久改善。

青春期学生学习成绩下降、学习兴趣下滑的原因有很多，其中一个鲜有人关注的重要原因可能是同伴排斥，社会联结被破坏，他们的归属需求没有得到满足。不论是学校教育还是家庭教育，必须关注孩子的社会联结，协助孩子建立友好的同伴关系、师生关系和亲子关系。如果社会联结遭到破坏，人际关系紧张，孩子会因为社会痛苦而无法投入学习。

第三节　减缓社会痛苦

当孩子的社会联结得不到满足，社会接纳的需要匮乏或者被社会完全排斥，孩子就会感受到痛苦，我们称为社会痛苦。有时这种痛苦比身体的痛苦对孩子的伤害更严重。社会痛苦是降低一个人幸福指数的主要因素。

一、社会排斥

这里所指的社会排斥是一个"关系"概念，意味着个人和群体在社会地位上被排斥出其他群体乃至整个社会。

因此，我们认为社会排斥是在一个组织系统中，孩子被同伴通过建立种种障碍的方式，阻止与其他个体构建社会关系。这种"由疏离造成的排斥"使孩子受到社会接触、社会关系和群体身份的限定和限制，成为边缘性的人，并被打上耻辱烙印。孩子被排斥出社会关系亦会导致其他权利被剥夺，使孩子被心灵的痛苦所困扰。

心理学家曾经开展过一项关于社会痛苦的实验。

研究中，当一位被试前来参加实验时，主试会告诉他需要稍等几分钟。而在等待室里，已经有两个人坐在那里了，他们告诉这位被试自己也在等待参与同一项研究。但是事实上，这两个人是心理学家所称的共谋者或"托儿"。他们假装被试，实际上却是与主持实验的研究人员站在同一条战线上的。因此，当真正的被试走进等待室时，实验其实已经开始了，其中一个"托儿"在"无意中"发现了一个网球，并且把它扔给了另一个"托儿"，然后这个"托儿"又把这个网球扔给了真正的被试。在接下来的一两分钟里，他们三个以三角形的线路相互抛接这个网球。然后，在事先安排好的某个时间段里，两个"托儿"不再把球扔给这个真正被试，而只是一味地相互扔球。假设你就是那个被试，请想象这种情景吧。

在这个游戏中，本来你们三个人玩得好好的，突然你被迫成了一个局外人。一方面你可能会想："谁在乎呢？又不是真的在玩游戏，我又不认识这些人，他们对我来说完全是陌生人。"这是种非常理性的反应。然而，基于这个实验的设置，很显然这些被排斥的人，会因为被置之不理而受到伤害，感受到某种程度的社会痛苦。即使在这种看似微不足道的情况下也不例外。

当主试请他们谈谈对这次经历的体会时，通常这些人都会直截了当地开始谈论刚刚发生的事情，并且对被排斥感到非常愤怒或难过。

孩子在日常生活中，有可能会遭受同伴或他人的排斥。父母要高度重视孩子被社会排斥的痛苦。

七年级学生小星，平常学习很认真，状态也非常好。但从七年级下学期第一次"摸底考试"开始，他每一次考试，都考得一塌糊涂。老师觉得不可思议，认为以他那样的学习状态，怎么可能会考不好呢？老师向他提出这个疑问时，他的回答是：不知道。老师很无奈，告知了家长，希望通过家长了解到孩子发生这个状况的真实原因。

家长把孩子带到了心理咨询室。

小星告诉咨询师：他害怕自己的考试成绩太好。每次一考试就紧张、焦虑，答题的时候大脑一片空白。

进一步咨询，发现小星的潜意识里是希望自己考砸。因为这样一来，同学们就不再认为他是一个绝顶聪明的人，也不是一个学习优等生了，同学们也就不会取笑他、排斥他，他就不会感到那么痛苦了，也会与同学们"友好"相处。

小星在学校与同伴的联结遭到了破坏，社会痛苦是小星每一次考试都会考得一塌糊涂的根本原因。

正值青春期的中学生，他们更关心的是社会联结，与同伴建立友好的关系，希望被人接纳，被人喜欢，满足自己归属的需要，而不是自己做得更好。

二、社会分离

社会分离是指孩子与依恋的对象分开、远离，使孩子感受到社会联结遭到破坏，或预感到会遭到破坏。著名神经学家保罗·麦克莱恩（Paul Maclean）说："分离会让哺乳类动物倍感痛苦。"社会分离会给孩子带来痛苦体验，孩子会感受到伤害。所有社会分离所造成的痛苦（包括婴儿的哭闹）都不容忽视。

例如，留守孩子被迫承受社会分离痛苦，长期沉浸在心灵伤害与痛苦的困扰中。社会联结的需要长期匮乏，将会严重影响其身心健康，阻碍健康人格的发展。学校、家庭要重视孩子的社会联结，特别是环境的改变或新的社交系统的形成，如各年龄段初入学的孩子，或者是"流动孩子"新到一个环境。不要人为地破坏孩子的社会联结，阻碍孩子健康成长。

孩子在每一个年龄段，都会经历与原来的陪伴者（照顾者、同伴、老师）的分离痛苦。这种成长中的分离，是被迫的分离，改变的不仅仅是社会联结，还有周围的环境，孩子面临的是一个不确定、不稳定的社会环境，内心充满了痛苦，他们需要重新构建社会联结，重新获得归属感，父母是他们满足这些需求最强大的社会支持力量，不能够缺位，不能够漠视，更不能够对他们造成新的伤害。

家长（老师）和家庭（学校）应该高度重视创造出一种人际联结的积极环境氛围，特别要重视同伴之间的理解，让孩子觉得有归属感。同伴联结让正处于青春期的孩子能够体验到共同体（共同条件下所形成的集体组织）归属感，孩子因而会更加快乐和幸福。强烈的归属感会使孩子自我学习驱动力大幅度提升，学习成绩也会提高，教育的效果更加明显。

一些人不会深度思考人际联结的需要，特别是一些留守孩子的父母在孩子成长过程中不重视孩子的人际联结，不仅让孩子长久感受到亲子联结被破坏的痛苦，还让同伴联结、师生联结遭到破坏，孩子内心所感受到的痛苦会更加强烈，心理问题和行为偏差问题就会越来越严重。

三、校园霸凌

孩子社会联结的最大威胁就是霸凌。校园霸凌不仅破坏了社会联结，而且阻碍了孩子社会接纳需要的满足，导致归属感匮乏。父母要高度重视校园霸凌。

校园霸凌可能涉及身体上的侵犯，但是绝大部分的校园霸凌事件并没有身体上的攻击，霸凌手段主要包括轻蔑的言辞、让受害人成为谣言攻击的对象等。受害者所承受的痛苦往往会持续很长一段时间，留下心理阴影，而霸凌者往往得不到应有的惩戒。更为严重的是，一些人因为惧怕霸凌者，还会起哄、与霸凌者同流合污。这会给受害人造成更大的伤害。

心理学家在实验中多次发现，良好的感觉会对个体的发展形成积极影响，能够促进个体更好地思维和决策。研究还表明，积极情绪能够使人快乐，有激情，能够提高记忆力，拓展个体的思维，并且能够帮助个体从消极情绪体验中恢复。显而易见的是，消极情绪会严重影响个体的思维、行为。孩子如果被他人欺负了，特别是被同伴欺负，其他同伴却冷眼旁观，就往往会认为是所有人默许他人欺负自己，会强烈地感受到自己被同伴排斥，内心体验到孤独、无助，从而产生焦虑、害怕等情绪，自我价值感会严重降低，严重时，会抑郁、行为退缩等。

如果在这样的状况下，没有任何人为他们挺身而出给予积极的爱和保护，他们的身心必定会因此受到严重打击，使得他们大大分心，学习发展内驱力减弱，以致无法在课堂上专心学习，也就不可能促进自己构建更多的认知资源和注意力资源用于学习了。学习资源的匮乏，肯定会大幅度地降低学业成绩。

当孩子觉得自己的社会联结稳固时，觉得自己与学校、与老师、与同伴之间存在着紧密的联系时，就会觉得自己被他人、被群体接纳，会觉得自己是被人关爱、被人喜欢的。处于积极情绪当中的孩子，会更加专注于学习，更能够激发学习驱动力，他们的学业成绩会有较大幅度提高。

综观每个人的一生，我们注定要遭受伤害，遭到各种各样的社会排斥。但是，我们应该认识到，每一个与我们建立联结的人都有权利离开或者不爱我们。我们需要理解和发展社会联结，提升自我社会联结能力，促进自我积极发展，幸福生活。

第三章　积极关注

罗杰斯的人格心理学理论认为，对积极关注的需要是个体自我知觉出现后产生的被人爱、被人喜欢和被人认可的需要。

积极关注是来自生命中重要他人（父母、老师、钦佩的成人、朋友）的热情、喜欢、喜爱和尊重。积极关注在人们应对压力和努力、取得自我实现的能力中起重要作用。罗杰斯认为，无条件的积极关注或者热情、喜爱、喜欢和尊重，在人们充分探索自我潜力时是必需的。不幸的是，一些家长、配偶和朋友给的是有条件的积极关注，即喜爱、喜欢、尊重和热情取决于或者看似取决于做了他们希望的事情。

第一节　自我发现

满足孩子积极关注的需要，要求教养者相信孩子"内心深处存在着强烈的向上的力量，拥有自我改变的内在动力"，以积极的态度看待孩子的成长，关注孩子意识、情感、行为中的积极因素，以及情感、行为背后的积极、正向的需要，充分利用其自身的积极因素，激发自我成长的内驱力，促进孩子健康成长。

13岁的初中一年级学生强强，在父亲的陪同下来到心理咨询室。

强强8岁时，父母离异，他与父亲生活在一起。一年后父亲再婚，并生育了一个女孩。母亲也准备再婚，目前正在筹备婚礼。

强强从小乖巧懂事，成绩优异，学习方面几乎不需要父母操心。可是今年年初，上学不到一周的强强，称自己身体不舒服，在家不愿意去学校。

父亲带着强强去医院进行了全面检查，没有发现器质性病变，看了医生，吃了两周的药。但是，强强总是感觉嗓子痛，并且伴随着要么头痛，要么胃痛等各种身体不适，不能去学校。

心理咨询师与强强有如下对话：

心理咨询师："这段时间在家休息，感觉身体状况怎么样？"

强强："没有什么变化，总是觉得嗓子痛、头痛。"

心理咨询师："哦，这样啊，确实挺难受的，嗓子痛的原因是什么？"

强强："学习压力太大了吧，初中的学习内容比小学难很多，上期期末考试我没有考好，爸爸骂了我，骂我学习不认真。"

心理咨询师："爸爸骂你，让你觉得很难受吧。"

强强："我都习惯了。我爸爸特别喜欢骂我，他从来都看不见我的优点，也看不见我的努力！"

心理咨询师："妈妈那边怎么样？"

强强："妈妈对我挺好，经常会和我聊天，以前每周都会带我出去玩一玩。妈妈马上也要结婚了，最近她应该在忙她结婚的事情，也有很长时间没有来看我，就是春节期间都没有与我见面。春节假期我就发现自己情绪不好，爱发脾气。上学不久，我发现自己的情绪越来越不好了，有时候还会偷偷流泪，后来就出现嗓子痛，头痛。"

强强的嗓子痛从心理学的角度来看，是由于父亲、母亲缺乏积极关注。强强被爱的丧失情绪所困扰，无法正常表达自我意识，无法正常宣泄情绪，内在积极心理力量不足，所以出现嗓子痛等情绪躯体化反应，以及行为退缩——厌学。

每个人都有获得他人积极关注的需要，这种需要的满足来自他人的关心、同情、尊敬、认可、温暖等。积极关注会影响孩子积极自我评价的形成，可分为无条件积极关注和有条件积极关注。

博希望自己将来成为一名数学老师，或节目主持人，或画家。博的父母非常认可他的梦想，真诚地对他说：你将来不论选择什么专业，做什么职业，我们都喜欢，我们都爱你。并且还问博：你需要爸爸妈妈给你什么样的支持？

浩已经非常清楚他以后会成为一名医生。他的父母在他很小的时候就清楚地告诉他，他们希望他以后成为一名医生。浩从小就明白，如果他选择其他的职业，就会失去父母的喜欢和尊重。

浩的父母（无论他们是否有意这样做）给予的是有条件积极关注，即只有当一个人做到积极关注给予者希望的事情时才给予积极关注。博的父母给予孩子的是无条件积极关注，即不需要条件或附加要求。浩不能像博那样激发出内在驱动力，积极开发潜能，自由和开放。如果一个人处于自我实现的过程中，能主动开发潜能，体验到现实自我和理想自我的吻合，就是一个"充分发挥"的人。要成为一个"充分发挥"的人，需要无条件积极关注。

如果教养者能够接纳孩子，那么孩子获得的就是无条件积极关注。无条件积极关注能促进建立安全型亲子关系，促使孩子拥有积极的价值观，消除自卑感，激发内在潜能，积极发展。但许多孩子感受到的不是无条件积极关注，而是有条件的。前文已经提及，每个孩子都希望父母能够看见自己，只是有些父母关注孩子，是为了看孩子是否满足他们的期待，也就是说，只有孩子满足了环境或父母的期望，他们才会接纳孩子。这样的爱是有条件的，孩子达到了条件，才能被看见。这就是有条件积极关注，孩子在其中感受不到真爱。

孩子在社会化的过程中，与环境中的重要他人如父母、兄弟姐妹、老师、同学、朋友等交往，通过周围人对他的评价发现自我，并将他人评价内化为对自我的认知和评价，逐步构建自我概念。这种需求非常强烈和迫切，以至于孩子会为之放弃某些其他事情或者需要。

前述第一个案例中，缓解或消除强强的情绪躯体化反应和厌学退缩行为，需要恢复强强与爸爸、妈妈的情感联结，让强强有更多的机会宣泄消极情绪和表达自我意识；同时，爸爸要改变方式，不说教，不批评，不虐待。用积极的视角关注强强的自我意识、情绪和行为，给他的心理赋能。

无条件的积极关注，其核心，一是积极陪伴，满足亲子情感联结的需要，为孩子健康成长注入积极的能量，让孩子的情感流动起来，有一个正常的宣泄口；二是无条件地接纳孩子，促进孩子自我发现，激发潜能。

无条件积极关注就是辩证、客观地看待孩子成长中的思想、情感和行为。成长中的孩子，由于身心发展不成熟，对环境中的信息，他人的语言、情感和行为还不能够准确地判断、理解和表达，往往会出现成长中的偏差认知、行为和情绪。所以，教养者不仅要关注孩子日常生活中的积极语言、情绪和行为，还要用积极的心态看待孩子在日常生活中所表现出来的偏差认知、行为、情绪，用积极的视角看待偏差行为及其背后隐藏的积极、光明、正性的需求。

无条件积极关注还要引导孩子辩证、客观地看待自己。孩子受认知能力的制约，缺乏对自我的深刻认识，容易出现消极和片面的自我认知，只看到自己存在的问题、失败、缺点和不足等，并把它们放大，深陷其中难以自拔，而看不见自己的优点和长处。教养者应帮助孩子深化对自我的认知，从只注意失败、缺点和不足转移到客观、全面、准确地认识自己，帮助孩子挖掘自身积极、光明、正性的方面，发现自己的优点、长处和所拥有的资源，促进健康发展。

无条件积极关注要立足于实事求是。无条件积极关注应建立在孩子客观实际的基础上，不能无中生有，也不能够盲目乐观。其本质是给予孩子支持、鼓励和帮助，促进孩子潜能开发，让孩子身心健康、全面发展。

第二节　希望被看见

一、看见真实的存在

一次培训讲座后，我收到了一位陌生朋友的信息："感恩遇见您！

您就是那个可以温暖自己，也可以照亮他人的人。我是一名小学语文老师和班主任，这次讲座带给我太多震撼，给了我很多的启示和洞见，一片新的天地在我眼前打开了。再次感恩遇见！"那一瞬间，我觉得自己被看见了，一股暖流浸润心田，眼角湿润，备受鼓舞。这件事让我意识到，每个生命都是渴望被看见的，一些看似微不足道的"看见"，好像一束光，照亮了生命。

心理学家罗杰斯提出，每个人的内心都存在着最基本的积极取向。即使是那些情绪看起来极不正常的人，他们的内心也存在着积极取向。个体越被充分地理解和接纳，就越容易规避偏差行为，越容易朝着积极方向改变。积极心理学创始人塞利格曼（Martin E. P. Seligman）认为心理学应关注个体和团体的积极因素，要以人实际地、具有建设性地开发潜力和美德为出发点，对人的心理现象以一种积极的心态做出新的解读，进而使人自身内在的积极力量和优秀品质得以凸显，充分挖掘其潜在的积极力量，从而使他们自身的潜力能够最大限度地得到激发，享有良好的生活。

很多人和他人交流时，会一边说话一边做其他的事，看起来是在沟通，但彼此之间的连接并没有真正建立起来。眼睛是心灵的窗户，看见，首先是要用眼睛注视着对方，就像有些孩子，期待妈妈看见自己，会说"妈妈，看"，而这时的妈妈如果只是口头上回应，并没有真正去看，那么孩子就会觉得很失望，很孤独，因为他感觉妈妈不喜欢自己。夫妻之间沟通也是如此，不要眼睛盯着手机去回应对方，而是要看着对方去回答，这虽是细节，但不可忽视。注意力在哪里，收获就在哪里。我们要把注意力放在自己爱的人身上，才能够收获真正的爱。真正的看见，是注视着对方，看见对方的真实存在和需要，接受他本来的样子。而不是审视对方，看对方是否符合自己的期待，强迫对方、控制对方以满足自己的期待，这样的"看见"，并不是真正的爱，而是自私。就像很多父母或伴侣，喜欢用"我是为你好"这个理由去改造孩子或另一半。

"看见"，不单单是眼睛上的注视，更是心理上的情感共鸣。

二、看见就是爱

"被看见",是伴随一生的心灵渴求,也是人的一种特殊感觉。这种感觉只能够由其他人提供。在成长的过程中,很多时候我们以为自己拼命努力去赚取的是荣华富贵、名誉地位,其实我们真正渴求的不过是一点点的看见,一点点的温暖,一点点的微光,一点点的爱。生命被看见,生命力得到认可,我们才有继续成长的力量和勇气。

一位来访者因被认为做事总是抱以无所谓的态度,缺乏激情,表现不积极,而前来咨询。在咨询过程中咨询师了解到,来访者爱的需要匮乏。虽然每天回家妈妈都会与他聊天,但是,咨询师请他分享聊天的内容和聊天过程中内心的感受时,来访者毫不犹豫地回答说:"我说不出来。"咨询师询问聊天的情景时,他说,每天与妈妈聊天,都是各自忙着各自的事情,边做边聊,也没有一个具体的内容,想到什么就说什么。没有去关注对方的表情和感受,彼此之间基本上没有情感交流,所以,他并不记得每天都聊些什么。

他妈妈和他聊天时,根本不看着他,看不见他内心的情感和需求,就好似两个无关紧要的人在一起闲谈,就是想说说话,所以他感受不到温暖和爱。没有目光的对视,没有情感的联通,就相当于忽视。

心理学认为,无回应之地,即是绝境。也就是说,如果一个人没有感受到有情感的回应,没有感受到亲近,体验到的是疏离感,就相当于一直生活在黑暗中,看不到光明。

每个人都希望被看见,希望爱与被爱。看见,就是光,就是爱。

被看见的需要是从家庭环境开始的,孩子特别希望被父母或其他重要抚育者"看见",看见自己的思想,看见自己的需要,看见自己的情绪,看见自己的积极行为,对于孩子来说,父母看见了自己,就代表他们爱着自己。心理学上著名的恒河猴实验就告诉我们,父母和孩子接触过程中,情感互动胜于饮食照料。父母应更多地注重情感回应,因为有了情感上的互动,关系的质量才是好的。

亲子关系中,父母对孩子的爱,更多地体现在情感回应,伴侣关系也是如此。很多夫妻认为，老夫老妻没什么可说的，更没什么可看的，长此以往，就会成为熟悉的陌生人。感情是需要维系的，而维系的关键就是"看见"彼此。心理学家荣格（Carl Gustay Jung）认为，孤独并不是身边无人，感到孤独的真正原因是一个人无法与他人交流自己心中最要紧的感受。这说明，如果伴侣觉得孤独，未必是因为对方不在身边，但一定是因为对方看不见自己。看不见，就很难分享感受，就相当于不爱，即冷漠。一个人在亲密关系中，总是体验到冷漠、被忽视，自然是感受不到爱的。

真正的爱，就是要看见彼此。当我看见你的时候，当你看见我的时候，我们之间就建立了关系，建立了连接，这个时候才称得上爱。

当我们和父母聊天、谈心时，他们看着我们、回应着我们，那么我们和父母之间就建立了关系，建立了连接，我们感受到父母的爱，父母也感受到我们的爱。当我们和伴侣沟通时，四目相对，心心相印，也就建立了关系，建立了连接，这也是爱。

心理学的"黄金投射"法则认为：你在别人身上看到的美好特质，是你自己也拥有的，只是你没有去挖掘、发扬这些美好的特质。你心里想什么，你的眼睛就会看见什么，你的语言就会表现什么，你的行为就会追求什么。

所以看见和被看见的过程，其实是我们彼此发现和欣赏各自身上美好的特质的过程。这个过程能为我们注入积极的心理力量。我们看见别人身上的积极、美好和正向的能量时，也在唤醒自己内在隐藏着的、没有被开发和拓展的积极心理力量。

正念先驱导师杰克·康菲尔德（Jack Kornfield）说："看见他人身上的善良，永远不会造成伤害。"人们通常会因为你的"看见"而做得更好。看见与被看见，都让我们内在美好的特质逐渐闪耀，发出光芒，给生命带来正向的成长力量。

当我们看见美和善，传递美好的同时，我们也在同样的情感中，认知、情绪和行为都会朝向希冀的美好。当我们看见他人身上的美和善，心里感受到并表达出来，就传递了一种爱的能量。看见让彼此感觉到深深的联结，感觉彼此的心理能量在同一频率上振动。这种美与善的联结是如此美好，让我们知道，在成长的道路上，我们不是孤单的一个人，生命是彼此呼应的，有价值的，有能力的，是相互温暖和支持的。

第三节　存在感

　　人具有获得存在感的需要。心理学讨论人与世界的关系，特别重视存在感，认为存在感代表了人与世界的一种和谐关系。从个人的生活体验来说，存在感是一个人幸福的基础。

　　有存在感，其实是个体渴望被感知的精神需求得到满足，而并非物质上的填充。很多人强调物质生活富足，但是缺失了被感知的精神需求，故而存在感匮乏。存在感的缺失反映了精神世界的空虚、寂寞、孤独。存在感缺失会导致无力感，严重时可能会使人精神崩溃。一些人意识不到此问题，但是这个问题会从他们的行为中表现出来，例如，孤独的人渴望做出一些不平凡的事情或举动吸引别人的注意，以获取缺失的存在感，而有些不平凡的事可能是攻击性的、破坏性的，甚至是反社会的。

　　存在感低的孩子，内心比较脆弱，他们极其需要别人的关注、接纳，乃至肯定。可能表现为要么不接受来自他人的不同意见，阻抗来自他人善意的教导；要么执迷于自己幻想的世界和意愿中，独来独往；要么是负面悲观，不想成为自己，而是想成为别人眼中那个完美的人。

　　存在感低的孩子，往往会做出"负面的关注也比没有关注好"的决定，经常用偏差行为来吸引他人，特别是内心中重要的他人的关注。他们的行为本质上并不是"破坏与捣乱"。这就是常常听到的"存在感是刷出来的"，在某种程度上，只是希望被别人看见，被别人感知，弥补缺失的存在感。

　　青春期的孩子对存在感的需求更加强烈。

　　　　来访者邓刚是一名初二学生。在小学阶段，他总是默默地隐藏在某个角落里，少言寡语，不声不响地在那里安静地学习，是老师心目中的乖孩子。进入初中后不久的邓刚，完全变成了另外一个人。班级活动中或课堂上，他时而大声吼叫，时而招惹他人，时而破坏物品等，搞得班级秩序大乱。老师不得不经常停下正常的教学活动，来处理他的不良行为，维持班级教学秩序，而他却依然嬉皮笑脸。批评和惩戒都没有让他改变不良行为，反而有过之而无不及。他的不良行为严重影响了老师的教学工作，老师感到无计可施，采取对他漠视的办法。全班同学也因为厌恶他的不良行为的破坏性、攻击性，视他为不存在，基本上也不与他来往。他在班上完全被孤立了。

咨询师了解到，邓刚的父母常年在外打工，将他寄养在二叔家里。而二叔一家人整日辛勤耕耘承包的几十亩农田，基本没有时间陪伴他，也不关注他的生活和学习。严重缺乏存在感的邓刚，到了青春期更加渴望有人看见他的存在，所以采取极端的行为方式引起家庭、老师、同学的关注，而他却因为自己的不良行为而受到了老师、同学的漠视，感受到的是更严重的自我存在感缺失。

在现实生活当中，一些父母、老师容易忽视孩子的存在，不去关注孩子内心对存在的需求，看不见孩子内心的真实情感，看不见孩子成长中的变化，导致孩子存在感匮乏。如果长期没有感受到被生命中重要他人看见的力量，孩子会觉得这个世界是无情的，从而因缺乏支撑自我战胜困境的心理力量而退缩。

随着孩子年龄的增长，孩子的重要他人也在改变，从上学前的父母，逐渐转变为学校的老师，到了青春期又会逐步转变为同伴。但是，不论怎么改变，父母都是孩子潜意识里最爱他的人，是他真实了解自己并可以信赖的一面镜子。被父母"看见"的孩子，对环境会更加信任而开放。

前文中"要当尼姑"的女孩，她希望老师感知到她惧怕与小狗的情感依附连接断裂的情感，并且能够与她情感一致，但事与愿违。当时老师利用小狗被卡车撞死事件对学生进行训斥，让她感受到老师的残忍与无情，从而强化了她的恐惧。于是她有了偏离现实的认知：老师认为他们会像狗一样被撞死，这个世界是残忍的、血腥的。她的这种扭曲认知，更加增强了她的无助与恐惧。扭曲认知进一步泛化：情感所依附的人（父母、老师）、系统（家庭、学校）、物（狗）等都会抛弃我们，这个世界没有爱。

她本质上的害怕情绪却被无助、伤心、孤独等扭曲情绪所替代。潜意识里强烈的生存欲望"要生存，要保护自己，要保护我爱的狗"，使她做出了"我要用任何可以获得钱的方法去保护流浪狗"的决定。一个"反权威扭曲行为模式"就这样建立起来了。

一些人认为，当别人关注我的时候，我就是有存在感的，当别人忽视我的时候，我就是没有存在感的。持有这种态度的人，往往会花费很多精力引起别人关注，有时候不得不做一些违背自己本意的事情，总是在意自己的表现和自己受到的待遇，难以客观、全面地看待现实，容易被消极情绪所困扰，难以体现个人的价值。

真实的存在感基于一种"积极行为模式"。能不能在组织中被他人"看见"，体验到存在感，这基于自我在组织中的积极影响力，基于个体做了什么积极的事情，对他人能够施加哪些积极影响，他人对自我回应了什么。这样的存在感是由各种积极行动和积极结果来佐证并维持的。父母要引导孩子正确面对来源于家庭、学校中的"看见"，助力孩子构建获得存在感的"积极行为模式"。

总的来说，存在感代表着一个人感觉到自己被关注、被重视、被尊重。孩子是需要被看见的，希望父母（老师）等生命中重要的他人，不要以爱的名义将自己的意志强加在孩子身上，因为你们在这样做的时候，就已经开始压制或削弱孩子成为最好的自己的力量。

看见生命成长的需求，首先是能够觉察自我感受，看见自己内在真实的需求，并且还能够积极地满足自我成长需求。爱人者首先要会爱自己。留守孩子的父母压抑或漠视自我情感需求，留下孩子，离乡背井，看见和被看见的情感需求无力满足。他们身处异乡，被迫同自己的亲朋好友分离，作为一名过客，体会不到归属感。在举目无亲的他乡，强烈的孤独感，使他们存在感严重缺乏，心理力量弱小，自身生命力的匮乏使他们无力看见或满足孩子的需要。匮乏的生命力在留守孩子与父母之间具有螺旋循环之势。

留守孩子的父母，即使能够觉察自我被看见的情感需要，但是，因为自己身处异乡会感觉自己没有根基，故渴望在组织、在家庭中有一个角色位置，并为达到这个目标而做出努力，于是就有可能会出现偏差行为，乃至违反组织或社会规则的不良行为。这就能够充分诠释留守孩子父母的偏差或不良行为对教养孩子、对社会所造成的危害。

第四节　感受他的感受

积极关注的深层次需要是孩子希望父母能够感受他们的感受，这也是互动关系中的人际共情反应，共情是体验到别人内心世界的能力。

亲子互动关系中，孩子渴望父母无条件的积极关注，能够与自己共情，感受到自己的感受，体验到自己内心世界的需要，给予积极的情感共鸣反应。在亲子互动关系中，孩子渴望父母能够根据他们的言行，深入内心去体验他们的情感、思维；渴望父母运用积极关注技巧，把所体验到的共情传递给他们；渴望父母运用专业的知识和经验，引导他们正确处理自己的情感和需求。在这样的景况中，孩子能够感受到父母的无条件积极关注，能够感受到被父母设身处地地理解、悦纳，因而能够感到愉快、满足，觉得自己是可爱的、有价值的、能够拥有幸福的，从而促进孩子的自我表达、自我探索，有助于加强亲子关系的联结。

　　小学五年级的小花因为母女关系冲突，跟妈妈一起来到心理咨询室。妈妈介绍，小花拒绝与妈妈好好沟通已经两年，冲突发生初期，小花表现出烦躁、哭泣，发展到语言攻击。后来是漠视或者根本不予理睬，不论妈妈对她说什么，她总是看一眼，"嗯"一声，让妈妈感到束手无策。
　　妈妈还没有结束情况介绍，小花就打断妈妈的交流，大声地说："我讨厌她！"
　　咨询师和善地问："你讨厌她？她是？"
　　小花沉默了一会儿，愤怒地说："她是我妈！"说完以后，却默默地流下了眼泪，然后痛哭起来……
　　从咨询中了解到，发生这样的状况是因为妈妈漠视小花对漫画的兴趣。

小花妈妈认为小花希望将来成为一个漫画家的梦想是不务正业，白日做梦，拒绝给小花购买她渴望的漫画书，并且禁止小花平常画漫画，更不同意小花去参加自己兴趣浓厚的漫画绘画训练。妈妈要求小花不仅要好好学习学校规定的课程，还要超额完成这些课程的学习内容与任务。

从此以后，只要妈妈提出任何要求，或安排她做任何事情，小花都会不由自主地感到愤怒，与妈妈对着干。但是事后，她又会觉得特别伤心，总是一个人偷偷地哭泣。她渴望欣赏漫画和学习漫画，感觉学校的学科学习没有一点意思，对学习提不起兴趣，无精打采，经常被老师批评。慢慢地，小花不仅仅是不想学习，还越来越讨厌老师，讨厌去学校，觉得生活无聊至极，对妈妈的言语根本就没有听，也不想听。小花自己都搞不明白，也不知道自己是怎么了。

通过家庭咨询，妈妈明白了造成母女情感冲突的根本原因，是她共情能力匮乏，导致与小花的交流阻塞，没有看见小花内心想当漫画家的真实需求，并且用消极的回应方式扼杀小花的兴趣与需要，这不仅影响了母女间的亲密关系，也使小花失去了学习动力。在咨询过程当中，妈妈通过自我觉察、自我调节，改变了自己的偏差认知，又通过共情技术，对小花进行真实的情感表达。小花感受到被看见的爱，居然情不自禁地拥抱着妈妈，大声呼喊："妈妈……"母女二人相拥而泣，久久不愿分开。

社会联结的最高境界就是人与人之间能够相互连通，即实现共情。共情就是互动关系中的人互相联通，感受到对方的真实感受。孩子的共情渴望特别强烈，因为他们需要父母能够感受到他们的感受，情感联通，给予他们需要的爱。这种爱，是孩子健康成长内在积极力量的源泉。

父母在积极关注孩子的过程中，情感共鸣非常重要，即对孩子的情绪体验感同身受，产生共鸣，看见孩子内心真实的情感需要，产生共情反应。这种人际共情联结，能够使互动关系中的人充分感受到自己在他人心目中的重要性，充分体验到个体在关系中的存在感。孩子的共情渴望得到了满足，心理进入同情共感的状态，就会不由自主地产生出一种帮助他人的欲望，出现利他行为。

在这个过程当中，互动关系中的每一个个体，都应该注意自己的表达和对方的内在需求之间是否平衡一致。要做到优先了解对方，而不是总关注自己的个人信息。在关系当中，成功了解和被了解的人们，能够理解时间与生活带来的变化，能够理解变化中所产生的新的需要和改变的机会，并且会不断尝试去看见对方，了解对方，促进发展。

人最重要的生命诉求是成为最好的自己，而最容易对这一根本性的生命诉求造成阻碍的，就是关系中的个体看不见对方的生命诉求，共情反应严重匮乏，尤其是童年时与重要亲人（父母）之间共情反应匮乏。这种希望无条件积极关注、被看见的共情反应的匮乏，就是亲子关系不良的根本原因。

共情的基础就是理解。理解他人是一个人需要修炼的品行。

现实中，理解他人不是一件容易的事。每个人都希望他人的所感、所思与自己一样，特别是面对孩子，父母很难允许他们对待特定问题的看法与自身有差异，很难接受他们利用自己的经验，做出个人独特的决策或行为。由于固化的思维和行为，一些父母害怕改变，意识不到孩子在特定问题上持有不同看法是他们在以自己的方式发现意义，实现自己的价值，拓展自己的潜能。唯有父母自我成长，积极改变，允许自己去理解孩子，才能够透彻地、完全地共情于孩子的内心，这虽然很不容易，但确实是一件非常有意义的、应该做的事。

理解是在以一种双重的方式丰富自己，是一种互惠互利的成长行为。心理学研究发现，对于情感的理解，能够使人如实地接受自己内心的情感，也会促使自我发生变化。

当父母愿意真正去理解孩子，就能勇敢地承担理解所带来的风险——被那种理解所改变。理解，能够改变自己的视角，改变自己的行为和情绪，改变对孩子的认知，同时带来孩子的自我改变。家长应该积极地、完全地进入孩子的心理世界，与他们共情，改变自我的固有的思维和行动，给予孩子积极的支持与力量。每一种理解都以某种方式丰富了我们的内心，丰富了我们的思维，从这些体验中以各种方式学到的东西促使我们发生改变，使我们成为一个更能与他人共鸣的人，使自己与过去不同，与他人不同。更为重要的事实是，我们对孩子情感的理解，会使他们发生积极的变化。

父母应该用积极的视角关注孩子，真实地向孩子开放，尝试聆听自己内心真实的情感，进入并努力理解孩子丰富的内心世界，聆听孩子真实的需求，理解并认识那个积极、勇敢的生命。父母要尊重孩子的心理过程，控制自我去掌控孩子的"一切"的冲动，不再匆匆忙忙地去塑造、操控孩子，让孩子能够积极地做他自己。

一旦孩子感受到父母的理解，情感、认知和行为也会发生相应的改变。每一种理解都以某种方式丰富着孩子的积极体验，孩子从这些体验中以各种方式学习，真实地接纳内心的情感，身心不断发生积极的变化。

第五节　自我看见

人都是为了活出自己。真正的"被看见"，是看见积极的自我。

常言说：你自己看不起自己，别人更会看不起你。渴望被人看见，首先需要自己看见自己，即尊重自己内心的感受，在环境的积极关注下，积极表达，活出真实的自己。

看见自己的需要，尊重自己的感觉。

日常生活中，有两种目光看着我们：一种目光来源于环境，可以说是外在评价系统，这种目光看着我们，审视着我们，是为了看我们是否符合外在的期待；另一种目光来源于我们的内在，是自我内在评价系统，我们看着自己，欣赏着自己，只想看见自己的真实存在。如果我们不能够把外在的评价，用一种积极的视角内化，形成自我内在的积极评价，就会变成一个为了他人而活，满足他人对自己的期待，缺乏积极自我的人。

我们要好好保护自己的感觉。感觉，是我们存在于这个世界的证明。

如果我们总是被父母或其他人一再地否定，就会感觉自己不配活在这个世界上。因为我们在这样的关系中过分遵从对方的判断，忘记了自己的感觉，这就意味着我们失去了自己的生命，只是为别人而活，慢慢地就会觉得活着没意思。如果我们能够尊重自己的感觉，聆听自己内心的声音，就会感受到自己的存在，且会有种生动而美好的感觉。所以，我们千万不要任由他人否定自己。

看见自己的需求，积极面对否定。

鼓励的目光，能为孩子内在注入积极力量，帮助孩子健康成长，这才是真的"看见"。如果忽视孩子健康成长的需要，阻碍孩子自由、开放、健康地积极成长，就是有条件的"看见"，是控制。父母要引导孩子正确判断和面对这种有条件的"看见"，如果这种"看见"对孩子造成了伤害，要引导孩子学会淡化它，帮助孩子消除这种"看见"的破坏性，坚定自己的信心和立场。

我们如果想要活出自己，就要找到那些能够给予我们力量的目光，这些目光会照亮真实的自己。

看见自己的需求，积极行动。

你若不坚强，没谁替你软弱。渴望被人看见，是我们的根本需求，但想要得到他人的认同和爱，就需要自己具有真才实学，也就是说，我们要真正做到让自己变得更好，变得更强大，才能让更多人看见自己，支持自己，这需要行动力，需要自己有信心，去努力。

在行动中成长，需要有勇气去承受痛苦，因为每个人的成长之路都是不容易的。

我们看见了自己的需求，也在为自己的需求付出行动，最后仍然有可能得不到他人的认同，他人还是看不见自己，这时我们就需要接纳现实，不去强迫他人认可自己，接纳自己，这才是关键。

总之，渴望被人看见，首先要自己看见自己，知道自己应该怎样活着，然后为此努力，不要过于在意他人的看法，要积极用行动来活出属于自己的人生。或许在"活出真实自己"这条路上布满了荆棘，但我们要坚信，这是生命的意义，一定要坚持走下去。

第四章　社会认可

社会认可是指社会对个体行为的肯定性反应。

孩子的社会认可信息，来源于与环境互动的社会化经验，特别是家庭、学校的互动信息。这些互动信息会直接影响孩子的自我评价，进而影响其社会化以及健康人格的形成。

来自他人积极反馈的社会认可，在个体的社会化过程中起着重要的指导作用，能带来强大的精神鼓励，强化其合乎社会规范的行为倾向，加强其正当行为的影响力，帮助其纠正不良的社会行为习惯，消除因批评、惩罚等造成的冲突和隔阂，融洽人与人之间的关系，有利于幸福感的提升。

第一节　社会尊重

社会尊重是对他人敬重、重视、平等相待的一种心态和言行方式。

每一个人都有获得尊严与尊重的需要。心理学家认为，尊重的需求是唯一一种将人类区别于其他动物的心理需求。感受到他人对自己的尊敬或爱戴，感受到自己的能力和成就得到社会的承认，有稳定的社会地位，有威信，被重视、信赖和高度评价，对自我形成一定的积极认识，是自我尊重的基础条件。自尊的形成主要是基于亲子关系及其交往经验，认为自己是有价值的、可爱的，本质上反映了归属感，即无条件地被喜欢或者被尊重的感觉。

孩子是具有鲜活的生命的个体，有丰富的思维、情感和个性特征，渴望得到社会的尊重。孩子通过社会尊重逐步构建自我价值。社会尊重是决定孩子在学校的行为表现、学业成绩、同学关系的首要因素。社会尊重缺失的孩子，因为归属感匮乏，更有可能出现自伤或伤害他人的行为。

一、尊重人格

父母应把孩子看成是有人权、有价值、有情感、有独立人格的人，这是尊重、平等对待孩子的前提。

（一）接纳

接纳并不是轻而易举的，真正接受孩子及其感受绝不是一件容易的事。当父母能够接纳孩子，即把他的感受、态度和信念作为他真实而至关重要的一部分如实接纳时，就是在协助他成为一个拥有独立意识的人。这对孩子来说，具有十分重大的成长价值。

尊重孩子，意味着接纳孩子的优点和缺点，而不是仅接受孩子的积极面，排斥其消极面；意味着接纳孩子的不同价值观，而不是只接纳孩子满足他人期待的言行，排斥其自我天性的拓展；意味着把孩子看成是有思想的人，与孩子平等交流。当亲子互动双方的价值观、人生观、生活方式出现偏差甚至偏差甚远时，或当孩子的某些见解很片面、滑稽、固执甚至无理时，或当父母对孩子可能产生不满、反感甚至抗拒、愤怒、厌恶时，父母就应该在自我价值观的基础上，用开放和积极的观念，尊重孩子的行为，并且探究行为背后的情感需求，给予科学的精神引领。

在一次婚宴上，一位中年男士认出了他的中学老师，于是上前毕恭毕敬地说："老师，您好！您还认得我吗？"

老师说："对不起，我实在记不起来。"

学生说："老师您再想想，我是当年在课堂上偷同学手表的那个学生。"

老师看着面前的这位学生，还是摇了摇头说："我真的认不出你了。"

学生继续说:"当时您叫全班同学都面向墙壁站着,每个人都用手帕蒙上自己的眼睛,然后您一个个地搜查我们的口袋。当您从我口袋里搜出手表时,我想我一定会受到您严厉的训斥和严肃处理,从此以后我在班里再也抬不起头了,这将给我的人生留下不可磨灭的耻辱和创伤。但是事情并没有如我想象的那样,您把手表归还给失主后,就叫我们坐回原来的座位继续上课。一直到我毕业离开学校那一天,偷手表的事都没有被提起过。这使我从此感恩老师,努力学习,并且获得了博士学位。老师,现在您应该记起我了吧?"

老师微微一笑,说道:"我怎么会记得呢?为了同学之间能保持良好关系,互相尊重,为了不影响我对班上每一个同学的印象,当时我也是蒙上自己的眼睛来搜查学生的口袋的。"

学生听完,眼泪夺眶而出,他紧紧地把老师抱在怀里,一句话也说不出来,彼此就这样默默拥抱着。

给人容身的空间,给人转身的台阶,给人改过的机会,这就是尊重。

成长中的孩子,难免会出现不符合社会规则和现实要求的言行和结果,背后有可能隐藏着成长中未被满足的需求或情感。有时孩子的言语可能会出现矛盾,可能面对某些敏感问题时会有所顾虑、掩饰或犹豫。父母应予以尊重,借助理解来消除顾虑,协助孩子予以澄清,不可简单、粗暴地定性为严重错误,或者概念化为品行问题等。

对孩子的尊重,就是将孩子作为有思想、有感情、有内心体验、有生活追求和独特性与自主性的人去看待,尊重其内心的真实情感。其意义在于可以给孩子创造一个安全、温暖的氛围,让孩子感到被重视、被接纳,体验到活着的意义和价值;使孩子沉浸在自我觉察中,集聚心理力量,对自己充满信心、对社会满腔热情,可以最大限度地表达自己真实的情感需求。通过正确的心理工作,孩子会逐渐内化和构建自我能力与价值意识,获得自尊感。

(二)平等

尊重意味着平等对待孩子。当今,大多数成年人都能够接受孩子和大人具有同等的价值，也能够认可和接纳平等的概念。可是在日常生活中，父母有可能会受到"我比孩子优越""孩子没有与我们同样的经验、知识或责任感，他们怎么能和我们平等呢？"等错误信念的影响，导致亲子互动关系中的不平等言行。这些不平等言行可能是不分时间、地点随意地对孩子进行嘲笑、动怒、贬抑、批评、惩罚等。这些不平等的言行往往会严重伤害孩子的自我价值感，伤害孩子的身心健康，而父母难以觉察。

心理学家认为，尊重或平等并不意味着"完全相同"。平等是指所有的人对"尊严"和"尊重"有同等的要求。这就意味着承认孩子是独立的个体，有他应该拥有的尊严，他的思想、决策、人格应该受到尊重。这正是积极教育提出"蹲下身子与孩子对话"的理论依据，也是积极教育摒弃语言暴力（如羞辱）的原因之一。

一些父母把孩子视为没有尊严和需求的个体，总是把自己置于孩子之上，认为"老子教训儿子天经地义""百善孝为先"，总是以命令的口气支使孩子，并且要求无条件服从，不分地点不分场合地随意指责批评。当孩子感觉到父母不尊重自己、不顾及自己的感受时，便会本能地顶撞或者漠视父母，也就出现了孩子不尊敬父母的现象。不良的批评方式，常常会引起孩子的抵触或逆反，表现为不愿意和父母说话、我行我素，或者表面接受背后反抗。这其实是孩子的自尊受到严重伤害后的自我保护。

> 爸爸发现孩子偷拿了自己的钱后，感到非常生气。但是，爸爸控制着自己的愤怒，没有做出过激的反应，对孩子偷拿钱的行为进行了认真分析。他判断孩子还会翻自己的口袋，就在口袋里放了一张纸条，纸条上写着这样一句话："需要钱就跟我说一声。"孩子拿到这张纸条后惶恐不安，他等着父亲的批评，可是父亲像什么事也没发生一样，这反而让他更加痛苦，到了茶饭不思的程度。后来，孩子通过激烈的思想斗争，选择主动与爸爸沟通。
>
> 爸爸的纸条，给了孩子充分的自主权和决策权，让孩子自己寻找到解决问题的方法，给孩子上了终生难忘的一课。

在孩子成长的过程中，家长"批评"孩子是难免的。"批评"的目的是督促孩子加以改正，让孩子健康快乐地成长。这需要父母在接纳孩子的天性的基础上，用尊重的方式，保护孩子的自尊，用积极心理学的技术与方法，激发孩子希望价值提升的内在驱动力，让孩子感受到自我价值的精神引领，自主而积极地面对和调整自我偏差行为。

（三）真诚

尊重意味着真诚地关注孩子的成长。父母面对孩子的偏差行为时，并不是没有原则、没有是非地一味认可和迁就，而是以专注的心态积极关注其行为背后的真实需求，真诚地接纳孩子的情感、认知和行为，给予理解、鼓励和信任。

父母理解孩子行为背后的真实情感需求，和善而真诚地表达自己的真实感受和需求，孩子会感受到父母真实的爱，这样的沟通有助于增进亲子情感联结。

> 当年陶行知先生任育才学校校长。一天，他看到一名男生用砖头砸同学，遂将其制止，并责令他到校长室接受批评。
>
> 陶先生回到办公室，见男生已在等候。陶先生掏出一块糖给他，说："这是奖励你的，因为你比我按时到了。"接着又摸出一块糖给他："这也是奖励你的，我不让你打同学，你立即住手，说明很尊重我。"男生将信将疑地接过糖，陶先生又说："据了解，你打同学是因为他欺负女生，说明你有正义感。"接着掏出第三块糖给他。这时男生哭了，说："我错了，陶校长，你打我两下吧。同学再不对，我也不能采取这种方式。"陶先生满意地笑了，接着又拿出第四块糖说："你已认错，再奖你一块，可惜我只有这一块糖了，我的糖没有了，咱们的谈话也该结束了。"

面对学生打人的偏差行为，陶先生没有批评，没有斥责，没有让学生写检查，也没有找家长"共同教育"，而是通过无条件积极关注，发掘孩子偏差行为背后的守时、尊重人、正义感和勇于承认错误等成长点，真诚接纳、肯定，并予以奖励，给予精神引领，引导孩子逐步构建对偏差行为的积极认知，促成转化和改变。

真诚地尊重孩子，"感人心者莫先乎情"。

有一则寓言叫《南风和北风》，讲的是北风和南风比试，看谁能把行人身上的大衣脱掉。北风首先施展威力，行人为了抵御北风的侵袭，把大衣裹得紧紧的。南风则徐徐吹拂，行人觉得温暖，始而解开纽扣，继而脱掉大衣。北风和南风都是要使行人脱掉大衣，但由于方法不一样，结果大相径庭。南风之所以能达到目的，是因为它顺应了人的内在需求，使人的行为变得自觉。这种以启发自我反省、满足自我需要为主要目的的方法被称为"温暖法则"。

这则寓言向我们昭示了教育方法对结果的重要作用。父母应以真诚友好的态度尊重孩子，倾听孩子的心声，维护孩子的自尊。亲切的言语犹如温暖的阳光，它比声色俱厉的批评更易于被孩子接受。教育工作不需要疾风暴雨式的狂轰滥炸，需要的是春风细雨般的心心相印，春风细雨虽然看上去柔弱无力，但是"春雨贵如油"，起到了滋润万物的作用，这种教育是一种润物无声的过程。

父母应真诚地引导而不是说教，信任孩子具有面对困境和挑战的潜能和成长力量，具有抗挫折的能力，并由此培养出"我能行"的自信心，让孩子体验到"我是有价值的"心理感受；信任孩子有能力处理自己的事情，引导孩子自我觉察、自我调节、自我改变、自我发展。孩子的成长能力有时会受到自身经历和环境的阻碍，需要父母在尊重孩子的意见和选择的基础上，在恰当的时机，用恰当的方式，给予支持，加以必要的引导和帮助。

二、有边界的联结

边界是尊重的理性界限，尊重就是有边界的联结。

边界是我们面对环境中的人际关系和事件的言行限度、范围、终止的界限。将符合大众需求的心理边界运用在人际互动关系当中，就是尊重和被尊重。

（一）情感边界

情感边界是我们为了保护自己心灵不被他人伤害、操纵或利用而建立的人际交往界限。情感边界是自我价值的一种表达，它帮助人们理解自己的想法及感受。有了边界，我们和他人之间就可以构建出一个必要的情感空间。

> 父母离婚后，妈妈选择一个人养大女儿丫丫。丫丫连续好几天不去学校上课，而是去爸爸那住，玩乐高，这把妈妈气坏了，跑到爸爸那里，把丫丫痛骂了一通后，面对丫丫声嘶力竭地喊叫："我容易吗？我压力不大吗？"
>
> 但是，丫丫也确实快被妈妈逼疯了。妈妈离婚后把所有的希望、心思、精力全放在了丫丫身上，付出越多，她对丫丫的控制欲就越强。丫丫永远有做不完的卷子，过着不能喘息的日子。在这样的环境中压抑太久的丫丫，在父亲的纵容下爆发了，歇斯底里地对妈妈说出："我讨厌你！我就是喜欢爸爸，他不会逼我干我不喜欢的事。"

当我们陈述边界时，并不是在说"我是对的，你是错的"，而是在表达"这是我需要的东西，它能够让我积极看待自己，并且请你尊重我的边界"。

案例中的母女二人看起来都很可怜，她们似乎都有错，但似乎也都没错。妈妈面对女儿丫丫缺乏自我情感边界，所以女儿丫丫也就很难设定自己的情感边界。如果妈妈能尊重丫丫的内在情感需求，不要毫无情感边界地控制丫丫；如果丫丫能理解妈妈的良苦用心，又能守住自我边界，或许母女冲突就不会出现。

健康的情感边界对于健康的人际关系来说是至关重要的。它意味着我们清楚地了解我们的界限，并且这些界限被清楚和诚实地传达了。设定健康的边界有助于人保持自我整体性并增加柔韧性。

学习如何建立和维护情感边界是一个人成长中的重要部分，它也是能否构建一种支持性、尊重性的社会联结关系的关键所在。积极的社会联结关系是人生幸福的基础。令人遗憾的是，即便是许多成年人也不太懂得如何设定自己的情感边界，遑论教会孩子。

生活中，设定边界是会让人感到不适的事情，因为人们往往习惯于为自己而表达，难以去共情他人的感受。然而，设定边界却是父母为自己和孩子所做的最重要的事情之一。

其实，当我们被消极情绪控制的时候，"情绪脑"极度兴奋，"思维脑"处于弱势状态。成长中的孩子的"情绪脑"和"思维脑"还没有完全整合、联通。"情绪脑"一旦过于兴奋，整个人就会被情绪控制。这种时候不适合解决问题，因为这个时候，个人选择的行为要么是争夺权力的"战斗"，要么是拒绝沟通的"逃避"，可能出现事后会后悔的言行。当"情绪脑"活跃的时候，我们的"思维脑"处于弱势状态而未做出理性的思考，所以，在处理一个问题之前，应先让自己冷静下来，直到能够理性思考时，再解决问题才有意义。同时，我们也应该让孩子明白，"决定要做什么"比"试图要去做什么"更重要。

孩子的情感边界感的建立，首先是受父母的影响。

母亲孕育我们的过程，是一种共生，而共生本身，就是缺乏边界感的。也就是说，人类最初的人际关系，即母婴关系原型，就是缺乏边界感的。

婴儿出于生存的恐惧，必须通过"操控"妈妈才能满足生存的需要。他会认为，自己所有的需求妈妈都能满足。婴儿和妈妈共生，我的事也是你的事，所以，你必须对我负责，这是正常的共生。因为婴儿没有生存的能力，他必须和妈妈共生，依赖妈妈，才能够生存下去。心理学家认为，2～6个月的婴儿期是正常的共生期。6个月至2岁期间，是个体化分离时期，这个时期孩子开始尝试发展自己的能力，比如想自己拿东西，想自己吃东西。一个刚刚建立起边界感的孩子说得最多的词就是"不"。

心理上的分离，是个体边界感的基础。边界的建立跟早年的母子关系是密切相关的。如果父母自身的自我认知不健全，缺乏安全感，内在情感不稳定，情感边界就不清晰，孩子也就无法形成清晰的边界意识。如果父母，特别是妈妈，缺乏理解孩子感受的能力，活在自己的世界里，一味地按照自己的要求去强制孩子，把自己的想法、自己缺失的需求投射到孩子身上，就会造成孩子的情感边界混乱。孩子对社会和人际关系的认识和经验，很多都来源于原生家庭人际交往的经验，父母与他人、与孩子交往的方式会产生潜移默化的影响。如果父母擅长处理人际关系，孩子可能从小就具备了处理人际关系的经验。相反，如果父母自身的人际交往能力比较差，边界意识不清，他们就无法给孩子提供有效的、可供使用的人际交往模板，也就无法帮助孩子建立人际边界，甚至从来没有意识到这是个问题。这样长大的孩子，他的边界也是混乱和模糊的，他搞不清到底应该怎么做。

幸运的是，青春期是学习边界设置的又一个关键时期，青春期的孩子正处在自我认同形成的时期，青春期的社会化是人建立个人边界的第二个契机。这个时段孩子如果从外界得到了足够多的滋养和接纳，是可以更正一些婴儿期没有建立好的自我认知的。

（二）行为边界

行为边界就是我们在日常处事中的界限。行为边界与孩子的成长环境和自身性格有着较大关系。

行为边界混乱的孩子，在原生家庭环境中往往受到父母的溺爱或过于严厉的对待。

在溺爱的家庭环境中，父母通常希望孩子能够在无忧无虑的环境中快乐成长。但这种想法往往会在实践过程中出现偏差，父母过度关注孩子的自由，惧怕孩子的天性被压抑、被遏制。这种没有规则和秩序的教养方式让孩子逐渐骄纵起来，变得无法无天。长大之后，他会把这种骄纵带入社会。可当他进入社会后就会发现家庭中的法则根本行不通，这时产生的挫败感就会使他不知道应该如何界定行为边界，也不懂得如何与他人交往以及与他人建立良好的人际关系。

在过于严厉的家庭中，孩子无论做什么都要获得父母的"首肯"才能行动，非常害怕自己不符合父母的期待，缺乏主见和自信，胆怯，畏缩。孩子无法弄清自己的行为边界，造成严重的行为边界缺失。

无论是什么原因造成孩子行为边界混乱，最终都会阻碍其思维能力、决策能力、创造能力的发展，导致孩子面对问题缺乏有效决策力，人际交往缺乏主动性等。

面对孩子成长中的偏差行为，父母正确的做法是像前述案例中留纸条的爸爸那样，暂停下来，处理好自己的消极情绪，直到感觉好一些再来处理事情。然后启动思维脑，秉持尊重孩子的信念，接纳和尊重孩子行为背后的内在情感和需求，和善而平等地与孩子互动交流，达成共识，付诸行动。这样才能激发孩子自主成长的内驱力，促使他自我调整，自我改变。

1. 积极暂停

可利用呼吸法、冥想法、替代法、转移法、认知调节法等"积极暂停"技巧，控制"情绪脑"，调节愤怒等消极情绪，使自己冷静下来。在自我身心平和的状态下，启动"思维脑"，理性思考，积极关注孩子偏差行为背后的真实需求，并设置科学、有效满足孩子内在需要的方法。聚焦解决问题的方法，采取有效的行动，促进孩子成长。前面"爸爸的纸条"案例中，爸爸采取了有效的方法与行动，既控制了自我的愤怒情绪，又把解决问题的权利交给孩子，还促进了孩子控制"情绪脑"，激活"思维脑"，主动解决问题。这既保护了孩子的自尊，又增强了亲子间的情感联结。

2. 共情式沟通

当双方情绪稳定后，最好让孩子预先知道你接下来会做什么。用平和的心态告知孩子，就发生的事情好好聊聊。按照预约的时间和地方，从感受到对方的感受出发，开展较为正式的亲子共情式沟通。

父母可以采用"我看到了你……""我感受到了你……"的问话方式，表达自己在事件中对孩子行为的认知、感受。再以"你的感受是……""你的需求是……"的问话方式，一起探究孩子在事件中的行为背后的需求。然后表达自己的感受和需求："……我尊重你的感受和需求，但我感受到了你对我的不信任，不尊重，我很难过。""我不能接受你在这个事件中的……做法。我需要你……"

当我们尊重孩子的情绪和行为时，就是给孩子自己面对和处理情绪的自由和空间，让孩子摸索出解决内在环境的规则与秩序问题的方法，形成自己的内心界限与秩序。父母与孩子建立了有界限的联结，孩子获得了父母的尊重、信任，也获得了自主权和掌控感。

（三）理性的边界

边界是个体的理性界限。反过来看，界限是我们面对环境中的人际关系和事件的言行的限度、范围、终止的边界。尊重就是我们能够理性地对待个体和自我的边界点，是自我内在规则的外在表现。

每一个个体都具有自我的理性和独立的心灵空间——心灵的界限。理性地对待和处理关系中人的情感反应和需求，这就是理性的边界，就是尊重。

妈妈和6岁的女儿去商场洗手间，洗手间只有一个儿童洗手池，刚好空着。

她们俩刚要开水龙头时，旁边的卫生间里突然窜出来一个七八岁的女孩，嗖地一下抢到前面，打开水就洗。妈妈和女儿被吓了一跳，愣在那儿。

女儿抬头看了妈妈一眼，很生气地说："妈妈，她为什么不排队？"

那个小女孩洗着手，头都没抬地嘟囔了一句："谁让你们那么慢。"洗完手，水龙头都不关，就趾高气扬地走了。

妈妈跟女儿解释说："有时候，有个别人可能会有这样的行为。也许她有急事吧，在做出这样的行为的时候，没顾忌到别人的感受。"

案例中妈妈希望孩子能明白，不管别人做出多么不礼貌的举动，我们还是要有自己做事情的界限，还是要保持自己的风度和教养。当我们心里构建了符合公德需求的界限，并且表现在社会人际关系当中，就会受到他人的尊重。

面对发生在现实生活中的种种事件，我们应理性地对待和处理发生在这些事件中的情感反应和内在需求，逐步形成为人处事的界限——这就是一个人的"内在生存模式"。解决内心的情绪冲突，必须依靠成熟的心智，依靠自我的成长与感悟，理性平衡，从而形成独特的自己，构建独一无二的人生。

只有建立了自我边界，才会有成熟的情绪，才会有尊重。尊重就是界限的外在反应。

父母应该尊重边界，践行边界。在尊重边界的环境中成长起来的孩子，能够有界限地生活，尊重他人，也获得尊重。

第二节　积极回应

马斯洛认为，除了少数病态的人之外，社会上大多数人都有一种获得对自己的稳定的、牢固不变的、通常较高的评价的需要或欲望，即一种对于自尊、自重和来自他人的尊重的需要或欲望。这种评价表现为言语的肯定和支持，团体的赞许和表彰，他人的夸奖和仿效及各种表示支持和赞许的表情、姿态、语气等。这些表现就是一种回应。

一、回应

回应，就是面对诉求，通过有意识的选择，给予反馈和表达。如新生儿通过哭声，传递着其自我需求，要么是饿了，要么是不舒服，照顾者或者是大声地、有爱地、亲热地发出回应的声音，表示听见了；或者是漠视，冷淡地对待，这也是一种回应。前者是积极回应，后者是消极回应。

每一个人都渴望得到回应。

孩子的发展受到重要他人（特定养育者）的巨大影响。特定养育者的反应，影响着孩子对于自己是否有能力、是否讨人喜欢以及是否值得爱的信念的形成。有著名心理咨询师通过研究，认为婴儿对自己所发出的信息，希望在七秒钟之内得到准确回应，否则，他会感觉到非常失望，体验到丧失感。丧失感具有灾难化思维的特点。如失去了一个物，就会错误地认为是失去了一切，再也无法弥补。丧失感让人觉得自己"不值""不配"拥有，无意识地拒绝哪怕是不请自来的成长和发展机会，好像自己已经走到了绝境。一个人如果处在持续性的丧失感之中，因为悲观情绪的困扰，未来会制造出更多的"丧失"，也就可能由颓废走向衰亡。一个人如果总是得不到回应，他就有可能丧失生存的欲望。

具有丧失感的人，他的情感会停留在获得情感连接的阶段。他会有更加强烈的想获得"丧失"的情感刺激需求，这个时候最容易被"趁虚而入"的不良情绪左右。

这就充分说明，回应对每一个人都是那么的重要和迫切。长期得不到回应而又极度渴望得到回应的人，往往认为哪怕获得消极回应都比没有得到回应好。他有可能通过制造问题，引起别人的批评、指责、惩罚等，从而获得自己想要的注意和认可。这样的人际交往心理模式，可能会延续一生。回应的关键不是语言，而是内心情感。

回应的表达方式可以是语言的，也可以是非语言的。

非语言的回应有面部表情、姿势、语音、语调、语速、握手、空间距离等。非语言回应有着非常重要的表达与交流作用，我们应该积极学习、体验自己和他人的非语言表达和回应，使自己在面对世界时更加放松、从容。

二、回应方式

不同的回应，对接受者的情绪刺激不一样，其机体也会发生相应的刺激反应。从"个体是否主动参与回应"和"回应的内容是否有利于关系的建设和发展"两个维度出发，我们可以把回应的方式分为积极回应和消极回应。

（一）消极回应

消极回应是一种漠视、伤害，是拒绝情感互动的反馈方式。消极回应带有负能量，它会让沟通中的双方产生不舒服甚至痛苦的感觉，会使个体感受到懊恼、悲哀、害怕或愤怒，情绪低落而消沉，会产生消极认知和行为，使互动的两个人的关系渐渐远离。下面的案例是一个9岁孩子写的日记，表达了孩子渴望妈妈的积极回应，也能说明消极回应对孩子健康成长的伤害。

> 今天是妈妈的生日，我要祝妈妈生日快乐，感谢妈妈每天的辛苦劳作。
>
> 晚上妈妈回到家，我主动去给妈妈讲故事，我声情并茂地讲着故事，但是我感觉妈妈好像不喜欢我讲的故事，因为她一直在看手机，这让我感到有些不快乐。于是我想：也许我祝福妈妈生日快乐会让妈妈喜欢。于是，我对妈妈说："妈妈生日快乐！"妈妈说："嗯！谢谢！"依然看着手机，我心里难受极了。我想：我一定是做得不好。我就卖力地给妈妈捶背，可妈妈还是看着手机，脸上没有一丝笑容，还在与她的好朋友视频呢。我更伤心了，于是又想到给妈妈洗脚，妈妈终于有点反应了。我更加卖力地给妈妈搓脚、按摩。我满头大汗，手臂已酸软无力，我抬头看着妈妈，希望看到妈妈高兴的样子。可是，妈妈却严肃地对我说："今天洗得不错，再重一点就好了！"站起来离开了我，并且又嘱咐我说："去把今天的作业完成吧。"
>
> 妈妈一点都不喜欢我给她过生日。我沮丧到了极点。

案例中，妈妈漠视孩子被认可的需要，采用消极回应方式，挫伤了孩子的积极性，孩子不仅感到沮丧，而且茫然。"世界上最远的距离是我在你身边，你却在玩手机。"这句话用在亲子关系中，是否觉得很悲哀？

从上述案例中可以看出，消极回应的方式有以下几种：

敷衍型。对孩子的话题看起来有回应，却没有什么情绪表达，连支持和认同都显得比较敷衍，比如，我们在看手机或者忙于工作的时候，很可能用"嗯嗯"的敷衍方式应付别人。这种消极的回应方式，说明你对孩子的情绪想法和生活中发生的事，并没有你想象的那么关心。如果长期这样对孩子实施低情感投入的关注，孩子会怀疑父母是不是真的爱自己。这是生活中亲子对话较为常见的一种形式。

冷漠型。沉浸在自己的世界里，对孩子发起的话题不但不予以回应，甚至还有可能岔开话题，讲一些毫不相关的事情。这种隐藏的拒绝沟通的回应方式，会让孩子因为父母的冷漠，或者话题被强行切换，真实情绪被堵塞，而感到十分难受。在亲子关系中，长期使用这种冷漠型消极回应方式的父母，往往是把自己置于比孩子优秀的定位，以自我为中心，否认孩子要说的事情的价值。孩子感受不到父母的关爱，不仅失去了亲子连接的契机，还因为父母对自己的不尊重，认为自己是不可爱的，价值感低，效能感低，再也不愿意和父母沟通与分享，继而导致亲子之间的情感连接越来越弱，有可能让孩子形成自卑型人格。

破坏型。父母虽然主动参与并展开了孩子发起的话题，但回应里传达的全都是否定的信息，就像一盆冷水浇灭了热情，一个可能本来很好的话题，反而变成对孩子自尊心的否定，对孩子造成心灵的伤害。使用破坏性的消极回应，可能的原因有：一是对孩子缺乏足够的了解，或是不愿意去了解孩子内心的真实需求，或是意识不到消极回应对孩子的伤害；二是对孩子的行为挑剔、担忧、焦虑，总是想要给孩子提供指导、帮助，但缺乏科学的亲子沟通方式；三是把孩子视为非独立的个体，总是想证明孩子是错的，自己才是对的，通过这种方式来满足自我的掌控感。从长远看来，破坏型消极回应显然会严重损害亲子关系。

初中一年级女生小英，对男同学小勇产生了一种从来都没有过的依恋感觉。时而会不由自主地去看他几眼，脑海中经常会出现小勇的身影。小英面对这样懵懵懂懂的情感，有些激动，又有些害怕，还有些羞涩。一段时间后，她鼓起勇气把这种感觉向妈妈诉说。妈妈没待小英说完就开始大声吼叫起来："你怎么这么不知道羞耻啊！小小年纪就开始想男人了。"小英当时大脑一下子懵了，感觉自己掉入了万丈深渊，恐惧、害怕、羞愧，把自己关在房间三天没有出来。妈妈骂她，求她，她都无动于衷，情绪低落到极点。从此，她的心灵之窗对妈妈完全关上了。但是，她对小勇的这种感觉反而更加强烈。这时候，另外一个男生主动接近了小英，小英一下子感觉到被理解，被接纳，感觉到了情感的共鸣，体会到少有的"幸福"。不久这两个少男少女相伴离家出走……

案例中的小英妈妈权威式地消极回应，不接纳小英的成长，极其不尊重小英成长中的情感需求，更没有给小英正确的指导，导致小英迷茫而无助，情感依附偏离。因为小英妈妈与另外那个男生对小英情绪的不同回应方式，小英出现了完全相反的行为结果。这充分说明不同的回应方式对孩子的刺激不一样，孩子的机体也就会相应发生不同的刺激反应。积极的回应，会让孩子激情满怀，机体蓬勃向上；消极的回应，会让孩子情绪低落而消沉，孩子可能会以不正确的方式去寻求或依附其需要的积极回应。

（二）积极回应

积极回应指的是主动参与沟通，关注对方的内在情感，反馈对方的情感信号。它能让人产生积极的感觉，促进互动的两个人的情感联结越来越紧密。积极回应不仅能增强亲子亲密关系，更能够促进孩子积极发展。

我们对回应的需求，本质上是渴望积极回应。

一些父母错误地认为"做好了是应该的，做不好才是问题""积极回应会导致骄傲、不思进取"，习惯性地消极回应孩子的情感需求。比如孩子考了99分，父母不是表扬孩子的努力和学习能力，而是会盯着没有得到的那一分追问说："那一分哪里去了？"这种环境中，孩子不仅会偏执地追求完美，更严重的是会感受到巨大的失落和茫然，他们不知道自己到底应该怎样做才是正确的，才能够得到父母的认可。也有些父母根本就不关注孩子传递的需求信息，漠视孩子的诉求，使得孩子内心充满丧失感，茫然无助。还有些父母权威式地回应孩子的需求，用居高临下的说教、批评、告诫来替代积极回应，孩子迫于家长的权威，压抑自主成长的内在积极情绪，隐藏因为父母不认可而产生的消极情绪，追求行为上对父母顺应。这不仅破坏了亲子间的亲密关系，还会挫伤孩子自主成长的内驱力，对孩子的天性造成极大的限制和束缚。孩子由于内心对父母权威式的回应方式极为反感，逐渐形成逆反与攻击的情绪，与父母的关系日渐紧张。

积极回应是积极关注的重要内容。当孩子的自我意识开始发展后，这种希望关注的诉求就会越发强烈，它是孩子健康成长中不可或缺的需求。正如只给婴儿提供奶水是不够的，还需要提供声音、气味、温暖和抚摸一样。父母的积极回应，可以激发孩子的内驱力，让孩子获得认同感和成就感，表现得更加自信。

如果父母的积极回应匮乏，孩子就会感受到"父母没有真正地关注我、理解我"。这样的孩子，或者会通过偏差行为来引起他人的关注，哪怕得到的是负面的、消极的回应，他感觉也比没有得到回应好；或者逆来顺受地适应环境，自我认同感逐渐降低，导致长期的低自我效能感和低价值感，孤僻、胆小、懦弱，形成消极人格特质。亲子关系不融洽的家庭中，父母往往会按照自己在原生家庭中所学到的错误回应方式来应对孩子，忽视孩子所传递的真实情感和需求，缺少对孩子诉求的积极回应。科学的家庭教养不只是保证孩子吃饱穿暖，更重要的是要关注和积极回应孩子的心理诉求，让孩子感受到"父母是喜欢我的，我是一个有价值的好孩子"。

积极回应要遵照"主动、成长"原则。

当孩子发起一段对话时，父母应积极关注他的情绪需求，带着真诚的认可，主动加入他的话题并给予积极回应，将话题深入下去。

积极回应能够给互动关系中的双方带来积极正向的影响，双方都感受到看见和被看见。在满足孩子爱和归属的需要的同时，父母也能够从自我的积极回应方式中，体会到被需要的快乐，自我评价也会更高。这就是"孩子健康成长，亲子情感连接紧密"的双赢沟通，关系中的双方都会感觉到幸福。

积极回应，促进孩子健康成长。

当孩子向父母分享一件好事的时候，父母要遵循主动建设性的原则积极回应，表达对孩子的赞美和认可，引导孩子重温细节，把这件开心的事情重新体验一次。具体步骤如下：

首先，用热情的方式回应孩子。这里的回应，包括运用语音、语调、表情、身体姿态，或者一些赞美的语言，表达对孩子的关注和欣赏。

其次，用"6做"的提问方式展开话题：做什么？什么时间做？在哪里做？谁来做？为什么做？怎么做？同时，用开放式的提问方式拓展话题，引导孩子深入探究事件的发展与积极结果，展望未来，让孩子完全沉浸在对这件事的回忆和喜悦之中。

最后，给出自己的建议。让孩子体会到父母对于这件事的关注，并将话题延展至让孩子思考、让孩子快乐的主题中。提出建议时一定要说出这样做可能会有什么好处。

积极回应的关键是坚持"主动""成长"的原则，关注并同理对方的情绪，对他的努力和付出表示欣赏，然后表示你的担心，并说说这个决定可能带来的负面影响，放下对孩子成功的渴望。通过互动、沟通，让孩子感受到父母与他的看见，感受到父母对他的情感共鸣，感受到愉悦与自由。

（三）积极的消极回应

同积极回应一样，积极的消极回应也是孩子成长中不可或缺的。

在孩子的成长过程中，积极回应，尤其是无条件的积极回应，会让孩子感受到自己对父母或世界存在的意义。而适度的积极的消极回应可以给孩子安全感，因为这可以让孩子体会到父母的关心、期望和要求。孩子构建规则意识，需要父母恰当的、积极的消极回应。父母的尊重性指导、教育、批评会让孩子更快地掌握规则，知道什么该做，什么不该做，而不像在过度放纵的家庭中长大的孩子，最初走入社会时常常会因为不懂"规矩"而碰得头破血流。

不止一个来访孩子苦笑着对我说过："我不知道这是好还是不好，我的父母从来就没有管过我。"这其实是非常悲哀的。"子不教，父之过"，从来不管孩子的父母，给予孩子的不是自由，而是被漠视和不安全的感觉。此外，缺乏消极的有条件回应的人，会失去调节自己偏差行为的机会。做错了事却没有人告知，孩子又怎么可能识别和改正自己的不良行为呢？尽管人通常更喜欢主动的、积极的回应，但当真出现问题时，人们更渴望遇到真正能够指出自己问题的回应，渴望在别人的帮助下认清自己问题的根源，从中吸取教训。

孩子的内在自我渴望适度的消极回应，只是他们不会表达，甚至都没有意识到。但是，他们凭直觉知道，奖惩并用的父母是最负责任的父母，因此他们也更听这样的父母的话。这也就是为什么被溺爱的孩子反而不听话的原因之一。他们的内在自我同样知道，只有积极回应的父母是不安全甚至是不负责任的。

我们呼吁当今家庭教育中，父母更多给予积极回应，同时又注意在必要时运用积极的消极回应。这个给予孩子恰当的积极的消极回应的人，就是孩子的精神引领者，是孩子生命中的重要他人。这个精神引领者满足了孩子更需要获得心理关注的真实需求——得到他人更好的认可。通过精神引领，他才能具有更完善的人格特征去适应社会，在社会团体的认可中获得归属感，感到自己有价值从而获得积极自尊。所以，不论是父母还是其他监护人，应该至少有一位是孩子成长的精神引领者。

一些父母因为多种原因不能够随时陪伴孩子的成长，孩子被父母安置留守，委托他人照顾孩子的生活、学习，这是远远不够的。留守孩子更需要与一个精神引领者建立依恋关系，让孩子感到安全而自由。这个重要他人最好是父爱或母爱的补充，能够与父母的教养观一致，或有更加科学的思想、教养、行为，得到父母的认同。留守孩子在成长过程当中，就会整合重要他人、父母的教养、思想、行为和观念，形成"自我内部生成模式"，从重要他人和父母那里获得强大的成长力量，坦然面对和突破现实环境中的各种阻力和问题，心智健康发展，从容应对生活的方方面面。

无论是积极回应还是积极的消极回应，都要适时适度。重要的是让孩子得到精神引领，促进孩子健康成长。

著名心理学家约翰·戈特曼（John Gottman）曾提出一个概念叫作"情感账户"。日常生活中的亲子关系，往往是以互动沟通为主要连接方式，高质量的沟通就相当于往情感账户里存入更多的钱，而低质量的沟通就相当于从情感账户里扣钱。维护亲子关系就像经营一个情感账户，情感账户里的存款越多，亲子关系就越稳定。当危机出现时，这些存款就能起到缓冲的作用，哪怕有冲突，孩子也更能体谅对方。反之，如果存款很少，意味着双方的感情基础比较薄弱，很小的矛盾都有可能让孩子的感情出现问题，并且很有可能出现严重的亲子冲突事件。

积极回应决定亲子沟通的质量。心理学研究发现，人们在与他人的交往中培养对他人更多的关爱，努力培养这种温和性情与同情心的人，会从交往中获得更多的积极情绪。所以，亲子交流中，父母的积极回应有利于孩子的健康成长。

第三节 有边界的亲近

有边界的亲近，是指互动关系中的人保持恰当的亲密接触。亲子关系中，父母表达对孩子的爱，应该保持一定的边界感，尊重孩子的年龄特征、情感需求、独立意识以及应该具有的躯体接触的道德界限。

每一个人都具有机体刺激的需要。有边界的躯体接触，是满足机体刺激需要最重要的方式。

莱温（S. Levine）为证明人际联结满足机体刺激的需要，用老鼠做了实验。

> 莱温把老鼠分成两组，都放在完全没有图形的单调的箱子里，其中一组每天给予数次电击，另一组则没有。结果大大出乎实验人员的意料：接受电击刺激的老鼠的成长竟然比没有接受电击刺激的老鼠要好。这些被电击的老鼠不仅在身体、精神和情绪上有发展，而且其大脑的生化水平和对白血病的抵抗力都有所增加。

上述实验说明，与完全没有接触相比较，对动物的温柔触摸和痛苦电击在促进其健康成长方面居然有着同样的作用。

人也一样，为了满足对爱的需要，如果得不到正面的刺激，就会去寻找负面的刺激，以保持自己生存的希望。换言之，任何形式的人际情感刺激都比没有刺激好。人际互动中的不同回应，都会对机体产生刺激，特别是躯体的接触，机体感受器接收到刺激后，引起感受器产生相应变化，把刺激的能量（机械的、物理的、化学的等）转化为神经冲动，再由传出神经将这种伴随着情绪的刺激反应传出，传递到中枢，通过大脑皮质的活动产生感觉。一系列的神经活动引起感觉，情感连通，机体产生活力，情绪和行为也就产生了。

人满足机体刺激的渴望来源于人际互动中的回应需要，主要是互动关系中有边界的亲近行为。机体刺激的需要往往使人希望生活在变换起伏、生气勃勃的环境当中，有高峰，也有低谷。在这样的情况下，人充分体验到内在的刺激，整个机体都被激活而兴奋。

心理学研究表明，婴儿期是最需要直接的拥抱和触摸的刺激渴望时期，如果长时间缺乏抚摸、拥抱，会出现不可逆转的衰弱和疾病。这意味着婴儿的健康生长，非常依赖身体的亲密接触这种刺激形式。

孩子在成长过程中，非常依赖照顾者身体的亲密接触如温柔触摸、拍打等，环境给予的声音、颜色等刺激也是必不可少的。适度的刺激不仅在身体、精神和情绪上促进孩子发展，更能够促进孩子大脑发育，增强身体的抵抗力。如果长期缺乏适度刺激，人就会得病。

留守孩子因为与父母长期分离，家庭结构被破坏，不能够及时感受到父母的情感互动刺激。如果监护人中的重要他人也不能够给留守孩子必需的情感刺激与关爱，孩子在社区或学校不能够构建和谐的人际情感互动，他们体验到的就是人际关系的冷漠，归属感严重匮乏。

流动孩子因不断变换学习、生活、社区环境，如果父母不重视或无能力帮助孩子构建新的人际联结，形成新的人际组织或系统，就会导致孩子人际联系需要严重匮乏。环境的频繁变动，会给孩子身心带来伤害。

留守孩子、流动孩子由于内在的人际联结需要没有得到满足，容易产生疏离感、陌生感、孤独感等，这些感受由于社会流动性的增强、传统社群的瓦解、家庭活动的分散化而不断加深。对群体感、接触、归属感的渴望会严重困扰到这些孩子，甚至是他们的父母。一个社会要发展、要健全，必须重视个体人际联结的需要，必须满足人际互动的刺激渴望。

心理学家曾经用猴子做过实验——将一只猴子关在笼子里，再把一条狗放进关着猴子的房间里。狗根本无法伤害笼子里的猴子，而猴子却极度恐惧，它血液中的肾上腺素水平非常明显地升高。当再向笼子里放进一只跟之前的猴子相熟并要好的猴子后，重复之前的实验，结果让人非常吃惊：第一只猴子原先所承受的恐惧和压力大为减轻。接着，把两只互不认识的猴子放在一个笼子里，重复之前的实验，结果它们各自的恐惧和压力又开始变得忽高忽低了。这说明，笼子里相互认识且相互紧紧依靠的两只猴子，即使同处危险境地，也确实能够减轻彼此的恐惧和压力。现实中人们也一定有这种亲身体验,当身处陌生的环境或承受压力时,仅仅是伙伴间的身体接触也能够减少内心的恐惧。留守孩子因为与父母长期分离,当遇到挫折时最缺乏的就是父母的支持与拥抱。因此不难看出,人与人之间有边界的躯体接触是消除恐惧和压力的主要力量。

第四节　积极认同

积极认同是用积极的态度对孩子的言行表示承认和赞同,同时伴随着情感的一致性。简单地说,积极认同就是认同观点、行为与情感。每一个人都渴望他人的认同。

被认同的需求是每个人都有的,孩子表现得尤为强烈,希望在某件事情上被他人认同,更希望自身被他人认同。孩子随着年龄的增长和心理的发展变化,渴望认同的来源也在发生变化。学龄前的孩子最希望得到父母的认同,小学阶段的孩子最希望得到老师的认同,青春期的孩子则对同伴的认同有着强烈需求。不论何时,对成长中的孩子来说,认同感始终是非常重要的。

一、认同是孩子自主成长最大的动力

孩子通过对环境中的重要他人对自己的行为或情绪的回应,来评判自己的思维、情感、行为是否符合规范和要求,判断自己的行为是否正确或有价值。同时他们也通过回应来评判和确定自我实现的目标与路径,预设自己的未来,做出人生的决定,形成"内在生存模式",最终形成自己的人格。

女儿在舞台上翩翩起舞,突然发现妈妈在台下看着她,母女俩的目光相遇,女儿精神振奋,更加投入地沉浸在优美的舞蹈中。一曲下来,女儿迫不及待地跑步下台,拥抱着妈妈。可是,妈妈却冷冷地推

开她，说道："公众场合，矜持一点。"女儿一下子愣住了，炯炯有神的眼光暗淡下来，失神地望着妈妈，流着眼泪羞愧地跑开了。

故事中的妈妈漠视女儿的情感反应，不仅不认同女儿的行为，也不认同女儿的情感，阻塞了女儿的积极情感的表达，破坏了母女之间的情感联结，同时，也破坏了女儿对自我的积极判断。如果妈妈表达积极认同，用理解、肯定等积极回应技术，与女儿的情感一致，给予赞赏和鼓励，女儿就会在妈妈的积极认同中，做出"妈妈喜欢我这样做"的评估，觉得自己成功了，觉得自我有价值、值得妈妈的爱，获得"还要努力，让妈妈更加喜欢我"的内驱力，激发潜能，做出积极行为。

对自己有能力、有价值的认知，能促进孩子逐步迈向成功，而认同与鼓励，特别是父母的认同与肯定，是孩子孩子获得自尊、自信的基础。比如，当孩子对某一项活动或技能产生了兴趣，如果父母对他说："你不可能成功""你没有天赋"，甚至讥笑、讽刺，孩子会非常迅速地放弃这一爱好，严重时，会"习得性无助"，失去创造与探索的动力；如果父母给予积极认同，肯定、支持和鼓励，如回应"爸爸妈妈相信你，支持你""你很努力，需要我们什么样的支持？""我们一起想办法来解决这个问题"等，孩子会信心大增，积极探索，获得更大的成功。

家长的认同，能让孩子获得认同感。拥有认同感的孩子，自信满满，相信自己一定行，更愿意去努力，自然也就更容易获得成功。如果父母总是用自己的标准和期待去评判孩子，孩子长期得不到认同，体验到的更多是疏离感，就会出现"我没有用、我没有价值"的判断和评估，即认同感匮乏。

孩子的被认同，既需要重要他人的尊重、肯定，还需要信任，让他们做力所能及的事情，如洗菜、做饭、收拾房间、整理衣物等。家中的事，在做决定之前应征求孩子的意见，满足孩子面对世界的能力感、掌控感等，让他们能够充分感受到自信、自在和独立。孩子的被认同还来源于父母科学帮助和指导孩子认识世界，适应环境，解除困惑。如果能通过仪式感来强化认同，即严肃而正式地给予评价、肯定、鼓励与指导，孩子会更加充满自信和力量。

二、孩子迫切需要获得认同感

认同感，是指人对自我及周围环境有用或有价值的判断和评估。孩子用不同的方式向环境传递自我内在的需求，通过人际互动的情感一致性体验到认同感，觉得自己是一个有用的、有价值的人，产生愉悦感，表现出积极与振奋。

人有被他人认同的内在渴求。如果孩子得不到他想要的积极认同，他就有可能通过制造问题去寻求别人的批评、指责甚至惩罚，以引起注意。一个心理发育不成熟的成年人，在认同渴望得不到满足的时候，就会重复孩童时的模式，这就是为什么有些成人常常会做出在一般人看来明明是自找苦吃的事情。

积极认同孩子成长中的积极行为和发展中的新奇点，需要把孩子视为有思想的独立的个体，给予理解、接纳和尊重；需要将认同建立在"激发内驱力，促进积极发展"的目标上。

孩子看似不起眼的行为或成就，可能是经过了非常认真的心理准备，不断努力和付出得来的结果。孩子渴望得到父母的积极认同，希望父母看见自己的积极与努力，这种积极认同对孩子来说是继续努力的力量源泉。

积极认同不代表盲目认同。如果孩子对自身的偏差行为（考试成绩退步等）无动于衷，父母却说"没关系的，你不生气，说明你心胸宽广，不会被消极情绪所困扰，也是一件好事"，这就只是盲目的认同，与积极认同的目标"激发内驱力，促进积极发展"背道而驰。父母应实事求是地表达感受和积极引导，鼓励与促进孩子的发展。

积极认同需要父母更关注过程中的积极行为，而不是只看结果。孩子不断努力之后，可能还是未能得到预期的结果，但孩子付出的努力，值得积极认同和肯定。积极认同，可以减少孩子的失落、沮丧，激发其内驱力，专注于做好每一件事。

拥有认同感的孩子对自己更有信心，同时也懂得去克服困难，勇往直前，更加容易成功。

第五节　社会奖赏

社会奖赏，这里引申为一种精神层面上的奖励。社会奖赏是人的一种特殊感觉，你在组织中感受到认同、肯定及赞美等，会让你体验到成就感。这种感觉只能够通过社会环境因素提供。当我们看到或感知到内心的重要他人，或者是陌生的人，给出了针对自己的积极反馈时，我们会产生喜悦的情绪，获得成就感。

一、最大化的成就感

心理学家研究得出，在社交网络中，不论熟不熟悉，当有了共同的话题，对方表达出喜欢、欣赏、赞美、愿意交往时，个体都会表现出积极的情绪。我们渴望获得他人的积极评价——赞美，即来自环境的精神鼓励。

最大化的成就感来源于满足公平的需要。得到公平的奖赏，是我们拥有适当的社会接纳，被组织认可的重要标志之一。公平感让个体感到愉悦、幸福，感到被重视。

心理学研究表明，在目标任务、竞技比赛完成后，个体或团队所产生的公平感，与个体或团队成员最终收到的报酬多少无关。只要他们认为整个分配过程是公平的，只要他们认为所得到的荣誉是公平的，就能够获得成就感而保持积极的情绪。心理学家认为，如果个体认为自己的成就得到公平对待，他们就会表现得更积极，即使结果并非如他们所愿。别人表达出来的喜欢、赞美，能够大大提升我们的幸福感。通过这些正面反馈，个体感知到自己被人爱着，被公平对待，被认可，内在充满成就感，内驱力被激发。

二、物质奖励

有些父母为了鼓励孩子努力完成目标任务，曲解了孩子的渴望，往往使用较为简单的物质奖励，期望达到鼓励的目的。物质奖励是一把双刃剑，使用不好就会弊大于利。

（一）物质奖励的相关心理学研究

心理学家爱德华·德西（Edward L. Deci）曾进行过一次著名的心理学实验，他随机抽调部分学生单独解有趣的智力难题。这个实验分三个阶段：第一阶段，所有的被试都无奖励；第二阶段，将被试分为奖励组和无奖励组，奖励组的被试完成一个难题可得到 1 美元的报酬，而无奖励组的被试跟第一阶段相同，无报酬；第三阶段为休息时间，被试者可以在原地自由活动，并把他们是否继续去解题作为喜爱这项活动的程度指标。

然后，研究人员持续观察学生的行为，发现奖励组的被试在第二阶段确实十分努力，而在第三阶段继续解题的人数很少，表明兴趣与努力的程度在减弱，而无奖励组中有更多人选择在休息时间继续解题，表明兴趣与努力的程度在增强。

由此，德西得出这样的结论：在某些情况下，人们在外在报酬和内在报酬兼得的时候，不但不会增强工作动机，反而会减低工作动机。人们把这种规律称为"德西效应"。

"德西效应"产生的一个重要原因，就是外在报酬和内在报酬的不兼容性，当人们因为兴趣、爱好或者成就感等内在报酬而努力的时候，他们相信这件事情是纯粹为自己而做的，最大的价值是取悦自己。而当人们获得物质奖励等外在报酬的时候，心态就变了，变得患得患失，唯恐自己的努力配不上奖励，或者觉得奖励配不上自己的努力。另一个也是更重要的原因是他们的动机会从取悦自己逐渐变成取悦报酬的给予者（外部评价体系），即使当事人并没有意识到，但这种动机转换还是会随着一次次的物质奖励而逐渐在潜意识中扎根。最终，"自驱"变成了"他驱"，兴趣也自然而然地跟着消失了。

一群孩子在一位老人家门前嬉闹、喧哗，令老人难以忍受。于是，他出来给了每个孩子二十五美分，对他们说："你们让这儿变得很热闹，我觉得自己年轻了不少，请你们继续在这里玩耍，我每天都会给你们钱表示谢意。"孩子们当然很高兴。

　　第二天，孩子们仍然来了，一如既往地嬉闹。老人再次出来，这次却只给了每个孩子十五美分。他解释说，自己没有收入，只能少给一些，这一回，孩子们有些失落。

　　第三天，老人只给了每个孩子五美分。到第四天，孩子们仍然来嬉闹时，老人不再出来给他们钱了。于是，这些孩子非常生气，他们发誓再也不来这儿"增添热闹"了。从此以后，他们果然没有再来嬉闹过。

　　上述故事里，老人成功地把内在报酬（玩耍带来的愉悦感）转换成了外在报酬（直接给钱），也因此把孩子们原先乐在其中的玩耍变成了一份有报酬的工作——他们失去了兴趣，当报酬停止后，也就没有玩下去的动机了。这个故事可以算是运用"德西效应"的典型。

　　当孩子尚没有形成自发内在学习动机时，父母给予物质奖励刺激，以推动孩子的学习行为，这种"他驱"奖励有效但作用短暂。长期使用物质奖励，会使孩子把奖励看成学习的目的，导致学习目标的转移，而只专注于当前的名次和奖赏物。正如苏霍姆林斯基所说，如果指望靠表面看得见的刺激来激发孩子对学习的兴趣，那就永远也培养不出对脑力劳动的真正热爱。要力求使孩子亲自去发现兴趣的源泉，使他们在这种发现中感到自己付出劳动并得到了进步，这本身就是一个最重要的兴趣来源。激发孩子的最大化成就感作为内驱力，提供机会让他们充分发挥才能和体现自身价值，远比一味表扬或简单的外在物质奖励更有效果。

　　脑科学研究结果表明，人们在面对即时物质奖励时，大脑的边缘系统（"情绪脑"）被激活，触发了"我现在就要"的回应。"情绪脑"对延迟满足不敏感，容易被物体的外观、声音、气味、味道和触感所吸引。

　　而当人们选择延迟满足，追求未来得到奖赏时，大脑前额叶皮层神经系统被激活，使人在经过深思熟虑后做出理性决策和长远打算，表现出耐心、理智与冷静。这一大脑区域在人类进化过程中发育得较晚，需要教养者有意识地激活。对家长来说，我们要弄清楚何时应该让孩子的"情绪脑"感受信息，何时让"思维脑"发挥作用，通过"思维脑"去分析好坏两种结果，并通过"情绪脑"去感知对坏结果的恐惧情绪，刺激自己远离坏习惯，最终做到自控。

（二）不当物质奖励的危害

一些父母错把物质奖励当鼓励，导致奖励方式金钱化。孩子所有的行为都是为得到外部奖励，内在成就感匮乏。不恰当的物质奖励会对孩子的成长造成多方面的危害。

1. 形成"择利选择"思维

> 一天去朋友家串门，看到他家8岁的儿子忙前忙后，拖地、倒垃圾、整理房间等。
>
> 一会儿，小男孩满脸骄傲地跑了过来，伸出手掌看着他爸爸："拖地2元，整理房间2元，倒垃圾1元，总共5元钱。"朋友拿出5元钱放在孩子手里，孩子自豪地跑开了。
>
> 过了一会儿，朋友喊："儿子，帮爸爸把靠枕拿过来。"
>
> 小男孩回头问了一句："拿靠枕多少奖励？"
>
> 朋友愣住了，愤怒地瞪着孩子说："你这是帮爸爸拿东西，怎么还能要奖励。"
>
> "没奖励就不干"，孩子扭头回屋了。

一些父母为了让孩子参与家务劳动，采取了金钱奖励的方式，但事实上，这些本是孩子应自己担当的责任。

这种方式会放大趋利避害的倾向，让孩子形成金钱至上的观念，把获奖作为行为的目标，严重缺乏自主行为驱动力，只希望得到越来越多的外在奖励。这种方式好比抽烟、喝酒、吸毒，只能够帮助行为者获得短时间的兴奋，对物质奖励上瘾。

这种"择利选择"思维，是追求当下利益，获得及时满足的短视思维，会严重削弱延迟满足的内驱力，形成恶性循环，阻碍孩子积极心理品质的形成。

2. 引发消极情绪

不恰当的物质奖励会使孩子把外在奖励看成学习的目的。孩子学习目标转移，专注于获得当前的名次和奖赏物，将外部评价当作参考坐标，但外部因素又不在孩子的掌控之中。孩子内心的宁静被破坏，容易产生情绪波动，被焦虑、担心、怨恨等消极情绪所困扰。趋利避害的天性导致孩子寻求内在的平和而降低内部期望，最常见的后果就是减少对任务或目标的努力程度。孩子主动学习的内驱力减弱，过于依赖外部评价。

长此以往，孩子会形成追求外部评价的消极自尊。上学时，忘记了学习的原初动机——好奇心和学习的快乐，最终因为物质欲望的不满足而失去学习的动力；工作后，又忘记了工作的原初动机——成长的快乐，上司的评价和收入的起伏，成了其工作的最大快乐和痛苦。

在学校或者多子女家庭中，不恰当的物质奖励，会造成孩子心理不平衡，使其产生消极情绪，挫伤其学习积极性。

在老师实施物质奖励的课堂上，会出现学生争先恐后举手发言的热烈场面，有的孩子甚至高高举起手跑到老师身边，希望老师能够让他回答问题，老师在课堂上忙得不亦乐乎。但是，奖品的数量往往是有限的，只有一小部分学生能获得。由于老师给学生发言的机会不均等，学生获奖的概率也不均等。许多同样具备能力的学生因为老师没给机会而没得到奖品。在奖品发放完了之后，孩子们就发出嘘声、哀叹声或不满声，像泄了气的皮球，无精打采，有甚者还表现出极度不满，怨老师对自己不理睬，仇视获奖学生。有的学生因此产生逆反心理，无论拿什么作奖励都表现得无动于衷，"我不稀罕！我也不学了！"——因为没有得到奖品而丧失学习的动力。

3. 滋生不良行为

孩子对世界的认知，首先来源于观察与模仿，从中逐步建构自我概念，因此他们更应该获得对仁爱、利他、奉献、担当、责任、坚毅等优势品格的认知与模仿机会，而不是练习如何讨要更多的利益。

一位班主任老师分享了这样的故事。

有一次轮到班级里一个小男孩做值日的时候，小男孩却罢工了，跑来说："老师，我浇花一次3元钱，扫地4元钱。"说完伸出小手示意。

这名小男孩还在班级里列了一份价钱表，上面写着："扫地4元、帮老师送作业2元、收班级作业2元、给老师传话1元。"

这不得不让人深思，过早地形成如此唯利是图的观念，无疑是对孩子的一种伤害。如果把外部奖励作为唯一的重要目标，人的善良天性就从内心被挤出去了。

长期使用不恰当的物质奖励，容易导致孩子为了达到目标而选择"捷径"，就算走邪门歪道也在所不惜，为目标最大化而不择手段，出现责任感丧失、损人利己、欺诈等不道德行为。

4. 扼杀创造力

不恰当的物质奖励往往会把有意义的事情变成苦差事，把快乐的兴趣变成任务，让孩子失去行为的内驱力。如果感受到环境中外部奖励最重要，那么，人的"内在行为模式"就只会要求自己去适应环境，努力获得现实的满足，并且会让自己的行为刚好能得到奖励就够了，不会多出一分力。物质奖励对重复的、机械的劳动较为有效，这种劳动不需要太多的创造性和自主性，只需对行为加强管理，使劳动有秩序、有效率。但是，如果我们在孩子成长的过程中也单纯地运用外在的工具性支持——物质奖励，则完全可能让孩子的内在动机消失。例如：孩子每写完一次数学作业就给他有形的外在奖励如钱、物等，短期也许会有效地使孩子更加勤奋，但长期看来他会对学习数学失去兴趣。把物质奖励与本身就很高尚、有意义、有创造力的任务混在一起，是一种危险的行为，忽略了积极性真正的重要组成部分，比如价值感、自主、希望、意义感、快乐感、幸福感……却用物质奖励降低个体对事情本身的兴趣，降低其内在动机。

长期使用不恰当的物质奖励会让孩子的视野变窄，看不到常见事物的新用法，严重阻碍孩子创造力的发展。正确的奖励方式，能够激发孩子学习的内驱力，培养孩子终身学习的核心素养。作为教育者，使用正确的奖励方法，就显得尤为重要。

三、唤起内在动机

对未知的探索能给人带来成就感，这本身就是一种内驱力，使人充满激情，兴趣盎然。教育中，要正确使用物质奖励。内心充满积极性，才能够主动、积极地去探索、去创造，才能以长远思维替代"满足当下"的短视思维，立足于未来和发展。鼓励、肯定、赞美并行的"唤起内在动机模式"，是激励孩子自主健康成长的有效奖励。以"唤起内在动机"为目标的奖励有如下一些：买书、买体育器械；或者是支持参加研学活动、社会实践活动；或者是发掘孩子的天赋，支持孩子参加运动项目训练，声乐、器乐训练，阅读、写作训练，创造发明训练等。唯有激发出追求目标的内驱力，才会有坚持不懈的努力行为。

如果孩子在某个事项或某个任务中取得了超过预期的好结果，父母可以在不扼杀孩子积极性的前提下，给他一个他特别期望的物质奖品，或者满足他的一个正当需求，或者举行有仪式感的庆典，甚至可以给他现金奖励。在这种情况下，孩子得到了预期之外的奖励，体验到自我价值感和成就感，会充满惊喜与激动。这不是取决于某种特定结果，父母只是表达了对孩子的努力付出的欣赏。

如果遵守以下两条指导意见，奖励就会做得更好。

一是不预设。

在任务完成之前，不预设奖励。确定学习的自主动机和目标，不承诺目标的预期奖励，待完成目标或超越目标，给予意外的奖励，这会让孩子充分体验价值感和归属感，变得更主动，更积极。如："既然你已经取得了这样好的成绩，具有这样大的进步，那我就请你出去吃牛排。""既然今天的任务已经圆满完成，而且干得很出色，那么，你应该得到奖励，我奖励一个你最想得到的×××。"如果物质奖励是在孩子完成一项任务后出其不意地给出的，那么孩子就比较不容易认为奖励是做这项任务的理由，所以仍然能保持内在积极性。

> 科学家曾做过一项实验：将一群喜欢绘画的孩子分成三组。A组是"预期得奖"组，研究人员把奖品给孩子看，告诉他们只要完成一幅画就会得奖；B组是"意外得奖"组，研究人员只问想不想画画，画完时他们会意外地拿到奖品；C组则是"无奖"组。
>
> 两周后，"意外得奖"组、"无奖"组的孩子跟之前一样喜欢画画；而"预期得奖"组的孩子却兴味索然，大幅缩短画画的时间。

该实验得出两个结论：预设的奖励可能会降低孩子原本的动机，因为它让"乐趣"变成了"工作"；对于本来就有乐趣的事，使用"意外"的奖励效果更好。

二是对努力与进步给予肯定与鼓励。

正面反馈事件的意义、进步和努力，对自主成长的内驱力有提升效应。

心理学家认为，每一个人都可能会存在两种截然不同的思维模式，即成长型思维和固定型思维。成长型思维相信智力是可以靠后天努力改变的。固定型思维相信一个人的基本特质，比如智力是固定不变的。

父母应对孩子的努力行为、成长中的进步给予充分的肯定、鼓励和赞赏，让孩子了解自己做得怎么样，从中获得价值感和满足感。比如："你演讲时的站姿特别有气场，你的每一句话都声情并茂，非常有吸引力。""你的演讲真是精彩极了，可以肯定你平常在这个方面下了很大的功夫，付出了艰辛的劳动。大家都觉得听你的演讲就是一种享受，让人激动。"鼓励和肯定他们的努力和进步。又如："你的演讲真是很有魅力，肯定能激发许多人去参加演讲训练呢！"肯定行为的意义。这种告知性或鼓舞性的激励因素能起到惊人的积极激励的效果，使孩子相信"只要我有正确的目标和方法，通过努力，在其他人的帮助下，能力一定可以再提高"，从而形成成长型思维。如果单方面肯定孩子的天赋、聪明，如："你的声音非常有磁性，很好听，让人陶醉。""你真聪明，把这么长的稿子都背下来了，演讲的时候，一个字都没有漏掉。"孩子就容易形成固定型思维，觉得一个人的基本特质，比如天赋、智力是固定不变的。

相对而言，拥有成长型思维的人往往会愿意应对更多挑战，在面对困难时也更加坚韧不拔。

心理学家曾对纽约20所学校的400名五年级学生做了如下研究：

步骤一

研究人员让孩子们独立完成一系列智力拼图任务。研究人员每次只从教室里叫出一个孩子，进行第一轮智商测试。测试题目是非常简单的智力拼图，几乎所有孩子都能相当出色地完成任务。每个孩子完成测试后，研究人员会把分数告诉他，并附上一句表扬的话。

研究人员随机地把孩子们分成两组，一组孩子得到的是一句关于智商的夸奖，比如："你在拼图方面很有天分，你很聪明。"而另外一组孩子得到的是一句关于努力的夸奖，比如："你刚才一定非常努力，所以表现得很出色。"

步骤二

随后，孩子们参加第二轮拼图测试，有两种不同难度的测试可选，他们可以自由选择参加哪一种测试。一种较难，但会在测试过程中学到新知识。另一种是和上一轮类似的简单测试。

结果发现，那些在第一轮中被表扬努力的孩子中，有90%选择了难度较大的任务。而那些被表扬聪明的孩子，则大部分选择了简单的任务。

步骤三

接下来又进行了第三轮测试，这一次，所有孩子参加同一种测试，没有选择。这次测试很难，孩子们都失败了。先前得到不同夸奖的孩子们，对失败产生了差异巨大的反应。那些先前被表扬努力的孩子，认为失败是因为他们不够努力，并没有产生特别严重的消极情绪。那些被表扬聪明的孩子则认为失败是因为他们不够聪明，从而变得非常沮丧。

步骤四

接下来，孩子们做了第四轮测试，这次的题目和第一轮一样简单。那些被表扬努力的孩子，在这次测试中的分数比第一次提高了

30%左右。而那些被表扬聪明的孩子，这次的得分和第一次相比，却退步了大约20%。

心理学家在后续对孩子们的追踪访谈中发现，那些认为天赋是成功关键的孩子，容易忽视努力的重要性，甚至认为努力很愚蠢，等于是向大家承认自己不够聪明。

上述实验表明，无论孩子有怎样的家庭背景，都受不了被夸聪明后遭受挫折的失败感，尤其是成绩好的孩子，甚至学龄前孩子也一样。还有实验表明，一些家庭背景较差的孩子，只要相信一切都可以通过自己努力奋斗变好，最后的结果真的会越来越好。这与前文提到的"自我实现预言"类似。

固定型思维者总是担心别人对自己的评价，因而会专注于证明自己的能力、魅力等，尽量避免暴露不足；成长型思维者会关注如何在过程中获得提高，注重自己学到了些什么。固定型思维者害怕失败，而成长型思维者能更好地接受挫折和失败，将失败看成是一种学习的机会，坚信成功是一个学习的过程。固定型思维者要的是确保成功，不愿意尝试，因为"没有尝试就不会有失败"，而成长型思维者往往愿意挑战新事物，学习新东西，觉得"这很难，但还挺有意思"。

所以，面对孩子的努力与进步，家长应该给予积极的回应，提供能让孩子充分体验到胜任感、成就感、价值感的信息。家长回应的内容越具体、越注重细节，就越有效果。

家长可以把物质奖励换成"庆祝仪式"。单纯的物质奖励是一种对孩子行为的外在的控制，但如果转换成庆祝仪式，它就不再是一种交换、一种控制，而是预期外的，家人一起参与的快乐、喜悦的仪式。孩子从中体验到的是"努力就有收获"的成就感和被尊重的价值感，收获"我还要继续努力"的信心和自尊，表现得更加积极，亲子关系因而也会良性发展。

家长应及时赞赏孩子的努力和进步，肯定孩子积极自主行为的具体细节，帮助孩子树立"努力可以变得更好"的信念。如果家长总是去赞赏聪明等先天因素，就会强化孩子的固定型思维，认为"成就是因为天生聪明"。不同的鼓励话语，对孩子会产生迥异的影响。肯定孩子的进步和良好行为，最好是从具体的事实角度来切入。比如："你今天会用三个成语了，真的非常棒！"比起"你真聪明，成语学得很不错！"更能让孩子体验到价值感和认同感。

多用真心，好过手段。一些父母对孩子的奖励有很明显的"套路感"。作业写得好，夸奖个不停；一旦出现偏离父母预期的行为，就对孩子进行全盘否定。在这样的环境中，孩子感受到的是父母有条件的爱，认为父母所有的言行都是为了达到目的，自然不会有长期的良好效果。建议家长们多用真心，少用手段，不滥用夸奖，不刻意左右情绪。

人对物质的需求是永无止境的。让孩子体会到满满的爱，得到关注和认可，让他们对自己满意，这就是最好的奖励。

外部奖励最好让孩子意想不到。奖励只有在任务圆满完成后才能给出。如果在一开始就把奖励拿出来，并且让孩子感觉自己很可能获得奖励，孩子会不可避免地把注意力放在获得奖励而不是解决问题上。奖励必须落实到孩子行为的努力与进步上。

我们不只是在完成任务，也不只是在教育孩子，我们更是在创造着未来。我们要看到教养的积极意义，积极看待教养中的每一个行为，以积极的心态面对孩子，积极陪伴。

物质奖励是特殊情况下的方法，对低自主、低创造性的，简单重复的机械性活动具有一定的效果。

然而，成长中的孩子的每一个行为，都会影响到习惯的形成和心智的发展，怎样正确使用物质奖励，父母必须仔细斟酌。

允许孩子用自己的方式完成任务。给他们自主的权利，不要控制他们。向孩子说明你需要的结果，但是不要详细说明如何达到这一结果，给他们选择方法的自由。在学习和成长过程中，家长应及时为孩子提供指导性意见，激发孩子的积极性。为孩子提供有效的奖励，提供积极反馈，告知有用的信息，是家长最好的做法。

第五章　积极自尊

本书中，我们把积极自尊理解为认同自己是一个有能力和有价值的人的一种积极的感觉，包括有意识地自我接纳、自我评估、自我肯定和自我负责、自我热爱。我们可以从两个方面理解积极自尊的含义：自我效能感——面对生活的挑战，相信自己是有能力的；自我尊重——面对生活，觉得自己是有价值的，值得他人的尊重，有权得到幸福。

自我效能感和自我价值感是健康自尊的两大支柱，缺一不可。

拥有健康自尊的人感觉自己有能力、有价值，热爱自己、热爱生活，对生活充满信心，有积极的心态。自我热爱是健康自尊的核心。本书中，我们把健康的自尊称为积极自尊，有时也称高自尊。

拥有积极自尊的人，具有高效能感和高自我价值感的体验。对自己本质上具有稳定的、牢固不变的、较高的积极评价：相信自己的智慧，确信自己值得拥有幸福。这种信念是个体内心拥有的一种积极动力，激发人们产生相应的积极行为，积极面对人生挑战。

有不健康自尊的人感觉自己总是适应不了生活与环境，总觉得自己是有问题的，不单单是在某件事情上犯错误，严重的时候，缺乏对自己的热爱，觉得自己活着都是错误的。本书中，我们把不健康的自尊称为消极自尊，有时也称低自尊。

消极自尊是指自我的价值和能力建立在外在评价的标准上，往往被消极情绪困扰，惧怕失败，表现出低自我价值感和低自我效能感，面对事物总看到负面的因素，主观上产生痛苦的感觉，行为上表现得不够积极。

第一节　自我效能感

自我效能感是美国著名的社会心理学家班杜拉（Albert Bandura）提出的。从心理学意义上讲，自我效能是指个体对自己在某个情境中是否有能力完成某种任务的预期和判断，包含对自己的思考、理解、学习、选择和决策等个人能力的判断，将直接影响到一个人的行为动机、行为方式。人们对自己的行为有一定的预期，班杜拉将其分为结果预期和效能预期。

结果预期指的是人对自己的某一行为会导致什么样的结果的推测。如果预期行为的结果能够实现目标，取得成功，那么这一行为的动机将会被激活，这一事件将受到选择。如果预期行为不会成功，就没有动力，对这一事项就会排斥，不积极。由此，可以理解一些孩子为什么厌学，可能是因为他们通过过去的经验，预期自己的学习不会成功。自我效能感的行为结果预期决定行为表现，行为表现又导致某些行为结果。

效能预期是指人对自己某一行为的实施能力的推测或判断。它是对自身能力的一种主观上的评估。效能预期对生活有很强的引导作用。有些孩子不管父母怎样鼓励，都会排斥参加某一活动，很有可能是他预期自己没有这方面的能力。我们一般会去做那些我们相信自己会做好的事情，不愿去做那些我们认为自己做不好的事情。

在效能预期的基础上，班杜拉提出了"自我效能感"，人类的行为不仅受行为结果的影响，而且受自我行为能力与对行为结果的期望的影响。他发现，即使个体知道某种行为会导致何种结果，也不一定去从事这种行为或开展某项活动，而是首先要推测一下自己行不行，有没有实施这一行为的能力与信心。这种推测和估计的过程，实际上就是自我效能的表现。

一、自我效能感的影响

自我效能感的功能主要是调节和控制行为，并通过行为调控影响行为结果。班杜拉和他的学生通过戒烟的自我效能感的经典研究告诉我们，自我效能感是有用的、有意义的。

班杜拉把成年吸烟者随机分为三个组。第一组是自我效能组，研究人员告诉被试之所以选择他们，是因为他们有坚强的毅力以及控制并战胜欲望和行为的潜力，他们应该能够在治疗过程中戒烟。第二组是接受治疗组，被试被告知他们是随机选取出来的，接受14周的治疗。第三组是控制组，没有自我效能指导语，没有治疗计划，只说等到时候再联系。结果三个组的治疗效果分别为67%、28%、6%。

研究发现，自我效能感对行为的调控主要表现为对活动的选择及对该活动的坚持性，个体在困难面前的态度、活动时的情绪，新行为的获得和习得行为的表现。自我效能感是一种精神动力，能帮助个体更好地完成任务。

如果我们从内心深处坚信自己有能力做成一件事，那么这种信心就会促使我们努力去克服困难，做到最好。相反，如果坚信自己做不成某件事，在做事过程中也容易因为信心不足而失败。所以，自我效能感对我们的学习、生活和工作会产生很大的影响。

（一）影响人们对行为的选择与坚持

自我效能感高的人，常常倾向于选择适合自己能力水平又富有挑战性的任务，而自我效能感低的人恰恰相反。一个人在某一方面的自我效能感越强，预测到成功的可能性越大，他就越会努力尝试去从事这些方面的活动，行为的持续时间也越长；反之，就会逃避那些自己认为不能胜任的活动，行为的持续时间也就越短。

（二）影响人们的努力程度和对困难的态度

态度是人们对事物所持的一种肯定或否定的心理倾向。作为实施行为的心理准备状态，它支配着人们在实施行为过程中的记忆、判断、思考与选择。具有高度自我效能感的人，多富有自信，勇于面对困难和挑战，相信自己可以通过努力克服困难，会竭力去追寻和实现自己的目标；相反，自我效能感低的人，则会因为怀疑自己的能力而在困难面前犹豫不决、不知所措,甚至对能够行使的行为和完成的任务也不敢问津。

(三)影响人们的思维方式和行为效率

研究发现,自我效能感低的人,不相信自己能行,总是预期失败而不是胜利,总是担心自己会失败,在应对生活中的任务和挑战时,容易纠缠在个人缺陷和潜在困难上,思维和行动受到干扰,导致能力变弱,失去自主性。这些人在行事过程中容易紧张、自卑、注意力涣散,甚至产生无助和无所适从感,从而回避采取积极行动和习得积极行为,导致行为能力和行为效率低下。

相反,有较高自我效能感的人更有韧性,更少焦虑和抑郁,把注意力集中在积极分析问题和解决困难上,表现出较强的行为能力和较高的行为效率,成就更突出。

(四)影响人们的归因方式

归因是个体对他人和自己行为结果原因的解释。据心理学家的研究,人们通常把成败结果归因于努力、能力、运气和任务难度这四大因素。自我效能感高的人,常常把失败归因于自己努力不够,而自我效能感低的人,却往往将失败归因于自己运气不好、天资不够。

(五)影响自我掌控感

自我掌控感指的是个人对自己生活的感知和信念,即认为自己对行为和环境有能力产生影响和控制的感觉(这种感觉与个体的心理健康直接相关)。这种自我掌控感,是从专心做一件事情或在人际互动、努力克服困难的过程中逐步获得的。

自我效能感匮乏的人,面对生活中的某一事件,往往感到自己没有能力,可能会出现习得性无助,处于绝望、被动的状态。对自我、环境和事件的无力掌控,会使人产生挫败感,认为自己失去能力,没有价值,强化对自己的消极评价。潜在的自我挫败感容易在催促或评价中被激发而引爆情绪,比如抑郁、焦虑。这是一种"很烦""不能触碰"的体验,长期沉浸其中的人思维能力、社会功能会降低,由此变得更加气馁而体验到"自我失控感"，进而陷入恶性循环当中。

二、如何激发潜在能量

实际上，大量的心理学相关研究都验证了自我效能感对一个人的影响。那些自我效能感高的人，主要通过以下两个方面的特质来激发自己的潜在能量，优化自己的行为表现。

（一）知难而上，主动面对压力引发的焦虑

那些相信自己能够应付可能出现的危机的人，一般很少花精力去想象各种消极因素出现的可能性，而将更多的精力用于寻找解决问题的方法，因此也更容易完成富有挑战性的任务。

相反，那些觉得自己在高度焦虑时难以应付困难的人，往往会低估自己的能力，在头脑中不断地想象各种可能出现的危机，并为此而烦恼，难以专心致志地处理所要面对的问题，最终因不自信而畏首畏尾、不敢尝试，错失成功的机会。

（二）自力更生，积极寻找解决问题的方法

自我效能感高的人有充分的自信，或者说即使暂时能力欠缺，也相信自己能通过努力找到替代方案，或在短时间内提升自己的能力，以应付眼前的困局。他们很少将希望寄托在别人身上，只想通过自己的能力寻找解决问题的方法。这种"天助不如自助"的信念也令他们对学业、工作等方面的满意度比普通人更高一些。

人们几乎都有追求稳定和安全感的倾向，尤其是在面对一些选择时，多数人都倾向于从感性上回避那些自己认为无法应对的活动，以及缺乏掌控感、让自己感觉不舒服的环境。而自我效能通过影响我们的价值观、兴趣及对能力的认知等，促使我们走出"舒适区"，主动迎接困难和挑战，从而激发自己的潜能，理性地确定更适合自己的发展方向。

三、决定自我效能感的因素

(一) 自我效能感的破坏与构建

孩子的自我效能感很容易被成长过程中的社会环境因素和个人生活因素破坏。社会环境破坏因素是指社会上一些人或组织的攻击、放弃、欺负、责骂与忽略;个人生活破坏因素是指重要的家人、街坊邻居的误会、背叛、贬低、轻视、否定、孤立。这两种因素我们统称为孩子成长过程中的虐待因素,是造成孩子信心下降与自我效能感降低的重要因素。

建立孩子的高自我效能感,首先是要改善社会环境和个人生活环境。如果孩子能够受到重要他人的关注、肯定、欣赏、支持、爱护、重视,孩子对自我的积极感受会提升,自我效能感也会提升。

同时,给孩子营造一个充满爱的、理性的、稳定的家庭环境,让孩子潜移默化地感受并相信人是可以对每一件事物进行深度思考和理解的,而这对处理好一件事是有重要的意义和促进作用的。

家长应积极引导孩子,面对日常生活中的每一件有意义的事情,都要有积极的自我实现预期,都要自主地、认真地、善始善终地追求最好的结果,坚持不懈地做下去;即使遇见困难或挫折,也要相信通过努力能够找到解决办法。

自我实现的预言,是指如果我们期待某事发生,该事情就真的会发生;而发生的原因只是我们相信或预期它会发生,并且由此产生与实现该信念一致的行为,即"心想事成"。心理学实验表明,人们的信念会影响他们的行为,这种现象被称为"罗森塔尔效应"(Rosenthal Effect),也有人称之为"皮格马利翁效应"(Pygmalion Effect)。

罗森塔尔和他的学生雅各布森曾做过一项研究。他们给一所中学的所有学生进行智商测试,然后挑了一些学生,告诉老师这些学生的智商非常高,让老师相信这些学生在来年的学习成绩会有飞跃。老师说:"我怎么从来没看出来呀,他们看起来很一般啊。"但是罗森塔尔说,他们可能是大器晚成,即使现在成绩不好,但他们的智商确实很高,将来会给社会做出贡献,也能够做出了不起的成绩。但事实上这些所谓的"高智商"的学生并非真的高智商，而是随机抽取的。也就是说，他们的智商不见得比其余学生高。六个月之后他们去回访，发现被随机挑出的这一部分学生成绩真的提高了；一年之后，这部分学生有了长足的进步。这完全超乎罗森塔尔的想象，因为他觉得孩子成绩好不好，一定是和他的智商有密切关系。

这个研究告诉我们，这种"心想事成"，既来自学生自己，也来自老师。老师如果认为某个孩子未来能够有很好的成就，就会给他一些特殊的关心、特殊的指导，特别是特殊的表扬。以前老师总是批评这些孩子怎么这么笨，现在被告知这些孩子也许相当了不得，于是老师就由批评变成了鼓励。就这样，因为相信他以后会更好，结果他以后就真的变得更好。

（二）培养自我效能感的必备因素

自我效能感的产生和个体的自觉有关，个体会对自身行为的结果进行反思和总结，以此发展并形成对自身能力的主观评估。自我效能感的形成受多方面因素的影响，自我效能感会随着个体的成长而有所变化，在成长的每一阶段，个体都会在经历中反思、总结、吸取经验，重组认知地图，丰富技能，增强自我效能感。

1. 成功经验

个体在从事某项活动任务之前就对自己是否具有相应的能力有一个推测，一旦活动达到预期目标，原有的对自己能力的推测得到验证，自我效能感就会增强；若活动未达到预期目标，个体就可能会怀疑自己的能力，反复失败则会降低对自己的肯定，丧失自信心，形成习得性无助，使自我效能感降低。

（1）体验成功

个体亲身经历的取得成功的体验，是增强自我效能感的最直接、最重要的途径。个体会根据过去的成功或失败的经验来发展对自我效能的信念。因此，在日常活动中父母要尽可能为孩子创设更多的成功机会，设法让孩子多产生成功的愉悦体验，减少失败的沮丧体验，让他们在学习活动中，通过成功地完成任务、克服困难来认识、增强自己的能力，获得成功的经验。

如果孩子过去有许多亲身经历的成功经验，他会在积极体验的积累过程中变得更加相信自己，形成"我能行"的信念，逐渐提高自尊心与自信心，认为自己受重视、有能力，能获得大家的喜爱，这种"获得感激励"会使孩子形成较高的自我效能感。

个体都有一种探求自己行为结果成败原因的倾向，并力求做出因果分析，这种对自我行为及结果产生原因的推论就是归因，孩子可以通过归因来认识、预测、调控自己随后的学习行为。引导孩子进行积极的归因是建构真实的自我效能感的重要方法。

国内外的许多研究一致表明，在成功时多进行能力归因，失败时多进行努力归因，有利于个体自我效能的发展和个体能力的发挥。即使孩子的某次考试成绩不理想，但如果他所习得的归因方式是积极而正向的，那么他就会倾向于将考试失败的原因归结于自己没能正常发挥，而不是否定自己的能力。这样一来，即使孩子某次考试不理想，他的效能感也不会降低，反而还可能在逆境与困难中实现新的突破。

因此，家长应通过归因训练使孩子学会积极归因，提高他们的学习积极性，避免习得性无助，提高学习的效能感。归因训练的主要目标是：在成功的情境下，让孩子做出能持久努力的、内部的、稳定的归因，增强其成功的期望和与自我效能相联系的积极情感，使其继续趋向成就任务；在失败的情境下，做出在这一任务上努力不够和方法不当等内部、暂时的归因，以保护孩子的自我效能感和自信心，鼓励他们为取得好成绩更加努力，寻找更恰当的学习方法。

为让孩子获得成功的体验，家长应注意以下几点。第一，相信每个孩子都有自己的专长和潜能，并提供各种平台将其发掘出来，让孩子的特长在同伴中得到充分展示，及时给予正面积极的反馈和评价，帮助孩子树立"相信自己的能力"的坚定信念。第二，引导孩子树立恰当可行的目标，使孩子从自身的变化和进步中认识到自己的潜力，看到可成长的空间。尤其对学习成绩处于中下水平的孩子，更要引导他们同自己的过去比，看到其他能让自己引以为傲的方面，个人的进步能使他们获得成功的体验。第三，引导孩子进行适当的人际比较。孩子看重他人的评价，尤其是渴望获得同伴的认可，所以同伴的进步对自己的前进起着很重要的促进作用。当孩子看到与自己水平差不多的人取得成功，就会认为自己也能完成同样的任务，从而增强自我效能感。第四，引导孩子坦然面对失败。让孩子正确对待失败与鼓励他们取得成功同样重要，否则，就容易导致"习得性无助"。因此，当孩子学习受到挫折时，家长不应对他们的能力进行过多的负面评价，而要引导他们从失败中寻找可改进的因素，逐渐提高自己的学习技能。

(2) 积累成功

提高自信心，还有一个很重要的方法，就是不断积累成功。在生活中，我们也可以模拟实战。模拟实战的一个简单策略就是意念想象，这也是很多优秀的运动员特别重要的一个训练方法，就是在头脑里模拟自己的比赛动作，然后不断去完善它。意念想象要在头脑中模拟各种可能性，这样能使自己进入一种最佳的心理准备状态。模拟能让大脑体验到成功，对未知困难更有信心。在模拟中，我们要注重发现自己微小的成功。坚持记日记也是很好的方法，可以关注自己的进步：近期我有哪些好的改变？比如读了一本新书，想到一个新点子，克制自己的欲望而做成了一件事情，等等。每天进步一点点，提升专注力，不断积累成功的经验。

2. 替代经验

人除了直接学习外，还可以通过观察进行间接学习。人的行为大部分是通过观察学习获得的。观察学习是一种潜移默化的内在反应，不需要外界环境的直接强化，依赖自我认知和自我强化的作用，实现自我改变和自我成长。当孩子观察到别人的行为受到他人的奖惩强化时，自身的行为也会受到间接的强化。孩子会在自己行动的过程中，内化他人的奖惩，并根据自己设立的一些内在的行为标准，以自我奖惩的方式，对自己的行为进行调节。所以，家长应为孩子提供良好的、合适的榜样示范，让孩子通过观察学习，获得成长的间接经验，观察他人的行为和结果，内化别人的成功，给自己激励。合适的榜样能促进孩子自我效能感的提升，增强自信心，确信自己也有能力完成类似的任务并获得相似的成果。

心理学研究发现，与喜欢的人、认同的人或崇拜的人比较，会对个体产生激励作用，重要的是采用何种态度和方式来比较。每个人心里都应该有一个把事情做到什么样的明确定位——目标，否则就会因为不确定性而要么充满恐惧，要么缺乏自我管理力，从而出现一种消极的逃避心态。在学校里建立排名不是要证明谁比谁更强或更好,而是为孩子提供可选择的榜样。排名是要为学生建立自我定位系统——我能够做到什么程度。人的一大部分自我效能感都源于观察他人的经验,也就是榜样的作用、同伴的影响。孩子如果发现同伴完成了一项很困难的任务,就会产生一种自信:他能做到,我也能做到。这不是不服输心态,而是一种自我效能感的互相感染与散发。实验证明,有明确目标的自我效能感比缺乏目标的自我效能感更容易被激发,也更有效。所以,比较不一定是出于"我要赢你"的心态,而是为了激发孩子"我能行"的动力。

比如,规避强弱比较,开展"我也能"的积极比较,孩子就会认为自己的能力跟榜样差不多,应该也能成功。孩子会更愿意去尝试,并从自身的进步中获得自我效能感。强弱的比较容易让人沮丧,但"我也能"则大概率会激发效能感。

成绩中等的孩子如果与学习优秀的孩子仅在"优秀不优秀"这个概念内做比较,可能会觉得自己样样不如别人,怎么努力也没有用,越来越没信心。但如果能引导他们将这种比较转化为对自己阶段性的客观认知,为自己需要改善的部分提供参考,并与未来的目标有效连接,这种积极比较就会成为激励孩子自主学习的动力和明确的目标信息。然后,配合与过去的自我的比较,孩子就更容易感受到自我的进步,增强自我效能感。

老师可以在教育教学中为孩子提供同伴榜样——学习能力相近或较高者的示范,孩子内心就会产生"他能行,我也能行"的信念,激发自主学习内驱力,增强自我效能感。也可以让孩子从替代经验中获得自我效能感,即观察学习能力相近者的学习行为,例如,把原来基础较差但进步较快的孩子作为示范者。还可以指导学生确立自我参照标准,从自身进步中增强自我效能感。后进生不切实际地跟优秀生比,反而容易形成自卑心理,觉得自己一无是处,没有优点和长处,降低自我效能感。

在观察到他人成功的行为后,孩子会通过模仿成功者的行为而使自己取得成功。在观察的过程中,他们在精神和情绪上都做好了模仿别人行为的准备,信心倍增。

个体会对自身行为的结果进行反思和总结,这在模仿中是经由自我组织、自我管理、自我确信而实现的,由此个体会发展形成对于自身能力的主观评估，表现出和此信念一致的行为。

3. 言语肯定

言语肯定是增强自我效能感的重要因素。父母过度关注孩子成长中的差距或偏差行为，特别是贬低孩子，会打击孩子的自信心，降低孩子的自我效能感。肯定孩子取得的成绩，支持、欣赏孩子，能够增加其信心，提高自我效能感。

经由他人的肯定、鼓励与说服，个体告诉自己应该有能力接受挑战并成功地应对面临的问题，进而达成目标。一些孩子在谈及自己的成功经验时，会提到自己在人生某个低谷或迷茫时，得到了某些重要他人（父母、老师）的积极反馈，从而产生一种顿悟的感觉，完善了自己的认知，改变了学习与生活习惯。可见，他人的评价对孩子产生的影响是十分深远的。

切合实际的言语劝导能够激发个体的动机，增强自我效能感；不切实际的言语劝导则会削弱个体的自我效能感。如果在成长过程中能获得父母、老师、同学等周围人的关心、欣赏和重视，经常听到切合实际、有针对性、明确的肯定、赞美、鼓励的言辞，孩子就更能保持高水平的自我效能感。反之，如果孩子经常受到身边人的讥笑、羞辱、轻视、孤立，甚至虐待和责骂，其自我效能感就会很低。尤其是成人对孩子失败的不满，比如由于成绩不好，孩子被父母批评、否定或者在学校被其他同学排斥，长时间受到老师的批评责罚等，都会严重破坏他们的自我效能感。

换句话说，只要你认为孩子能成功，从某种意义上讲，孩子就会更容易成功。

4. 合适的身心唤醒

人们在判断自身能力时，一定程度上依赖身体和情绪状态所传达的信息。合适的身心唤醒就是要激发身心的积极力量，专注于当下和未来的积极目标。

个体在面对某项活动时，会依据自己的生理状态来判断自己的能力，个体会受到情绪状态的影响而呈现不同的表现水平，进而影响到自我效能感水平的高低。心理学研究发现，当孩子情绪稳定、愉快时，自我效能感较高，较易产生成功的预期，而紧张、焦虑的情绪会降低自我效能感，导致在某些事项上产生失败的预期，使孩子变得自卑、胆怯、无力，行为不积极。

成年人也经常有这样的体验，当我们感到紧张、恐惧、焦虑时，就会患得患失，甚至丧失自信；而当我们开心或感觉良好时，就会有更高程度的自信，认为自己可以克服困难，达成目标。情绪唤醒，既包括情感上的觉察，也包括身体的感觉。当我们感到筋疲力尽，或身体疼痛、不舒服时，精神状态会变差，自信心会随之降低，自我效能感也会下降；当我们的身体状态、健康状况良好时，就会有更大的自信和动力。

（1）身心合一

身心合一就是你觉得自己是什么人，就做出这种人的样子。当你觉得自己应该有信心，就要让自己做出有信心的样子。如果我们一辈子都表现出积极，那就是真积极。

积极心理学有一个概念叫作"具身认知"，就是指我们的观念不是一个单纯的符号、概念、文字，而是会在全身反映出来。当我们看到一个积极的词汇，会觉得积极，这就是身心一致的体验。

这就是为什么相信积极的人，一定会活出积极的样子。当我们坚持做一件事情，这件事情本身就拥有我们心中的暗示。每天都让自己活出积极的样子，活出成功的样子，活出幸福的样子，这样就会变成真实的感受，而这往往要坚持做一辈子。

（2）身心唤醒

身心唤醒就是用合适的方法，将生理和情绪调节到积极状态。

个体的生理和情绪状态所传达的信息在一定程度上影响着个体对自己能力的判断。引导孩子合理调节生理和情绪状态，能够促进孩子保持积极的自我效能感。个体的生理状态和反应传递的信息本身并不会产生直接影响，但当个体对自己的生理和情绪状态进行一定的认知解释后，这些生理指标就会影响个体的自我效能感。因此，我们平时要多注意观察孩子的身体状况和情绪变化，在孩子身体状况不佳时，及时让孩子休息，尊重身体的节律，切忌让孩子搞疲劳战术，导致孩子因为体能欠佳而影响情绪与效能。有规律的体育运动、充足的睡眠、合理的营养是调节孩子身心最为有效的方法。一方面，家长应重视引导孩子参加体育运动，增强身体素质，教给孩子调节情绪的方法,减少面对挫折时过于强烈的情绪反应和长期消极情绪的困扰,增强他们的乐观情绪,以此改善其行为表现。另一方面,父母要以身作则,不要把自己的不良情绪带进家庭,要很快调节和管理好自己的情绪、保持乐观和幽默的心态,提高自我效能感。

5. 熟悉的环境条件

在漫长的进化过程中,人类对环境越来越敏感,同时也渴望从熟悉亲切的环境中寻找安全感。一旦我们进入一个陌生或能引发焦虑、恐惧的环境,自我效能感就会降低。这也是为什么在比较重大的考试,如中考、高考之前,老师都会安排学生提前探访考点,熟悉考点内外的环境,规划好交通路线,因为这样可以较好地帮助孩子缓解他们的紧张和焦虑。

6. 培养学习策略

学习策略指的是用以提高学习效率的观念、活动和方法,以及对学习进行自我调节的过程。常用的学习策略有:搜集信息、记录和追踪、复述和记忆、确定目标和计划、自我推论、自我评价、寻求帮助、检查笔记、复习和评估测验。对孩子进行学习策略的培养,可以使其学习行为更有效,从而增强自我效能感。

(1)过程管理

教育心理学研究者认为,有效的学习应该是由学习者对自己的学习过程进行管理(设定目标、制订计划、主动安排学习时间等)和自我监控。这要求孩子具有恰当的学习观念和方法,尤其是自我激励的学习观念、方法和策略,还应抱有对完成学习行为充满自信的主观认识。孩子如果觉得以自己目前的知识和能力水平很难完成课业,就会产生较低的自我效能感。但如果孩子具有使这些消极的认识转化为学习动机的策略和技能,那么继续探究的兴趣和努力程度就不会降低。这表明孩子掌握一定的学习策略有助于提高自我效能感。学习策略是工具性的知识,它会使学习行为更有效。此外,自我效能是一个动态发展的过程,转化的时机因人而异。因此,家长要善于发现、把握关键的时机,要注重个体差异,做到因材施教,促进孩子自我效能感的提升。

（2）寻求支持

在很多情况下，我们都需要别人的帮助。很多事情仅凭一个人的能力是办不到的，往往需要几个人团结合作。

一个人面临较难的任务时，如果有人帮助、有人支持，就会信心大增，相信一定能够找到解决的办法，"三人行，必有我师焉"。

（3）强化执行力

一个人终其一生的重要目标，就是能够产生效能，相信自己能够面对环境的挑战。这就需要我们勤奋学习，持之以恒，积极行动起来。即使一件事的结果微不足道，我们也要尽量地标示出来，保持动机，坚持去实现它。

拥有较高的自我效能感，即是对我们的思维过程和能力充满信心，不需要我们无所不知或无所不能，没有人能够（也没有必要）在各方面都表现出色。兴趣、价值观和环境决定了我们可能关注的领域。拥有较高的自我效能感并不意味我们坚信自己永远不会犯错，而是坚信自己能够思考、判断、认识错误并改正错误。拥有较高的自我效能感并不意味我们必定能轻松应对生活中出现的每一个挑战，而是坚信自己有能力学习需要学习的东西，有能力完成需要做的事情，有能力达成预期的目标；坚信自己能够理性地、认真地完成体现个人价值观的各种任务和挑战；坚信成功取决于自身的努力，不会借助自己无法控制的因素来判断自身的能力。自我效能感建立在过去的成功与成就之上（同时，成功与成就也源于自我效能感），但它远不只是对掌握特定知识和技能的信心。它是对获得知识和技能并取得成功的信心，是对思考能力、自我意识以及如何运用意识的信心，也是对思维过程的信心，是一种期望通过自身努力取得成功的性格倾向。

孩子越小，越容易培养自我效能感，因为此时他们面临的人生"难题"更容易解决，比如自己吃饭、自己穿衣服等，哪怕经历了一次次失败，但只要愿意尝试，就有成功的一天。大一些的孩子所面临的学业、人际交往等，难度则要大得多，一旦遭遇失败，就可能使他们的心理受到很大的打击。所以在成长过程中，我们要多给孩子创造宽容、鼓励的环境，让孩子从小就觉得"我能行""我可以做到"，不断强化他们的自我效能感。

第二节　自我价值感

自我尊重是一种对尊严和自我价值的体验，是对自我价值的充分肯定，对生存和幸福权利的肯定。自我价值感是指个体看重自己，觉得自己的才能和人格受到重视，在团体中享有一定地位和声誉，并有良好的社会评价时所产生的积极情感体验，反映了对个人价值的判断。正如自我效能感会自然而然地让人产生对成功的期盼一样，自我价值感会自然而然地让人产生对友谊、爱和幸福的期盼，而这一切都取决于我们对自己的价值以及是否值得拥有幸福的判断。在日常生活中，它与自我效能感常常互相交织，不能完全分开。

一、自我价值感的功能

（一）影响个体的行为方向

自我价值感就是相信自己的价值的信念：坚信我们的生活和幸福值得支持、保护和悉心经营；坚信我们是善良的、有价值的，应当受到他人尊重；坚信我们的幸福和个人成就举足轻重，值得我们为之奋斗。

自我价值感就是相信自己为了生活幸福，需要追求和实现价值。拥有这种自我尊重的信念，我们就会逐渐建立自我边界，懂得如何照顾自己和尊重他人；懂得保护自己的合法利益且不侵犯他人权益；懂得适当满足自己的需要，享受自我成就，不破坏自我效能感。

当孩子感受到别人的不尊重时，就会用行为强烈要求他人以适当的、需要的方式对待他们，逆反往往就是这样发生的。如果孩子希望提高自我尊重水平，就会采取行动，从尊重和关注自我的价值开始，迫切希望从环境中获得关注、获得爱、获得肯定和鼓励，然后通过相应的行动来表达自我价值和自我的能力。

（二）影响人际交往

首先，自我价值感是价值观、兴趣和爱好等建立的源泉，影响着个体对他人的认同或对所向往群体的选择。个体通过自我价值感体验，衡量自己是否能够得到某个群体的认同，是否有资格进入这个群体，或是否有资格以这个群体中的群员自居。在自我价值感的影响下，个体逐渐把这种心理上的人际交往尺度或标准内化为自己行动的准则，决定了人际交往对象或群体的选择，使自我的社会身份和社会角色得以确认。这个过程也就是一个人的社会化过程或人格成长的过程。

其次，自我价值感影响或决定了个体人际交往的质量，即个体在与他人实际交往关系中的满足程度。人们总是希望自己建立起来的人际关系对自己有所助益，如果在这种物质的或情感的社会交换中得不偿失，就会感到心理不平衡，乃至断绝这种社会交往关系。一个人的自我评价与群体其他成员对他的评价大体接近，才能保持较为良好的人际关系。

（三）影响归因模式

一个人的归因模式受到个性差异和成败经验的影响，对前次成就的归因将会影响到对下一次成就行为的期望、情绪和努力程度等。自我价值感、心理健康状况等对归因模式的影响十分明显。

高自我价值感、高自我效能感的个体，归因模式具有客观性，实事求是。比如，如果获得成功，就会既看到自身的优势，也看到外在的客观条件所起的作用，并及时地提出新的奋斗目标，对未来的发展抱有乐观的态度和坚定的信念；如果遭遇失败，也能够冷静客观地分析主客观因素，既维护自尊心，又不丧失前进的动力。一个人的自我价值感如果与他的实际情况差距过大，其归因模式往往会出现问题。

高自我价值感、高自我效能感的人具有积极自尊，反之，低自我效能感、低自我价值感的人会形成消极自尊或自卑。

（四）影响自我悦纳

自我悦纳是指个体能正确评价自己、接受自己，并在此基础上使自我得到良好的发展。它是个人的自我意识健全的重要标志之一，也最能体现一个人的精神风貌。自我悦纳的人显得更加自信、自尊、自爱、自强、自律、自立、自制，充满了人格魅力。

自我悦纳不仅指接纳自己人格中的优点、长处，更要接受自己的缺点与不足。在接受不足的基础上，努力改进自己、完善自己，而不是妄自菲薄，失去信心。自我悦纳包括：第一，接受自己的全部，无论优点还是缺点，无论成功还是失败；第二，无条件地接受自己，接受自己的程度不因自己做错事而改变；第三，喜欢自己，肯定自己的价值，有愉快感和满足感。具体地说，自我悦纳就是一个人愉快地接受自己的生理自我、心理自我和社会自我。客观的自我价值感使一个人能正确地面对自己生存的现实。为了使自己的生命富于意义，他就必须愉快地接受自己生理方面的特征，也愉快地接受自己的心理特征，还愉快地接受自己应承担的社会义务和责任。能够勇敢地面对生存现实的人，既能看到自己的优势，也能坦然接受自己的短处，从整体上把握自己，对待自己，这样有利于找到适合自己的人生坐标，使自己所追求的目标切实可行。

与自我悦纳背道而驰的两个极端是自我陶醉和自我拒绝。自我价值感过度膨胀的人往往自我陶醉，孤芳自赏，好高骛远，眼高手低，目标定位太高。自己所能做的与所想做的差距太大，到头来事事难成，空有一番怀才不遇的感叹。自我价值感过度萎缩的人往往自我拒绝，自轻自贱，处处防卫，承受不起失败的打击，因而丧失许多获得成功的机会。自我陶醉和自我拒绝的人被群体接纳的程度很低，人际关系紧张。

（五）影响心理健康

综上所述，拥有适当的、合理的自我价值感的人，能够维持愉快而稳定的人际关系，能够与他人友好相处。这样的人还拥有客观化的归因模式，不以自我为中心。

同时，拥有适当的、合理的自我价值感的人能够自我悦纳，有足够的安全感，能保持人格的完整和谐，有适合自己的人生奋斗目标和价值评估体系，不容易罹患心理疾病。

自我价值感太高的人常常自命不凡、恃才傲物，只能接受成功，不能面对失败，稍遇不顺就怨天尤人、自暴自弃，容易产生厌世、偏执等心理障碍。自我价值感太低的人常常过分自谦、处处退缩，生活中常因觉得愧不如人而自责，也常因消极的预期而焦虑不安，这种人一方面企图自我提高，另一方面又因消极的价值观而束手束脚，畏缩不前，导致目标难以实现。自我提高的需要与难以实现目标的内心冲突，让他们经常陷入痛苦的自我谴责中，从而导致更低的自我价值感，日渐抑郁。

二、自我价值感的影响因素

自我价值提升的心理需求是人类最重要的需求之一。就我们的行为而言，自我价值感源于我们对自己所做的道德选择感到满意，这是对自我心理过程感到满意的一个方面。

（一）个人倾向

个人倾向是一个人所独有的神经心理结构，这种心理结构突出体现了人与人之间的心理差异。每一个人来到这个世界的时候并不是一张空白的画布，很多特质是由基因决定的。每一个人在出生时都有某种倾向性、敏感性或脆弱性，具有相对独特的思想和情绪方式，对待环境的经验和反应都是不同的。这些特质越稳定，在不同的情境下出现的频率越高，越有利于描述和预测个体的行为。

一个人的自我价值感不是先天的心理结构，但是会受基因的影响，更会受生活经历的影响。人们对自己是否有价值、是否可爱的看法，反映的是一种内部的关系和内部的交流过程。这种交流是基于早期与父母交流形成的，取决于父母对待自己的态度，取决于亲子互动关系和父母的接纳、认可。

（二）家庭氛围

一个人的自我价值感在幼儿期就体现出来了，源于我们与父母和其他家庭成员互动时的体验。

低自我价值感者的童年通常有过多的不愉快经历，包括被忽视，很少受到关注和欣赏,受到很多批评,父母对孩子的要求与孩子的年龄不相称等。家庭中充斥竞争氛围,只在一个方面得到赞赏或者经常被与兄弟姐妹相比,都会让孩子产生一种自己"不够好"的感觉。情感上的忽视和虐待往往会使孩子认为自己是"坏的""无价值的"。如果在过度保护的环境中长大,孩子不仅会产生无能感,也会体验到无价值感。

高自我价值感者,其童年通常与父母拥有真实的、安全的、关爱的、温暖的依恋经验或记忆。父母与孩子的关系较为密切,家庭内充满爱,孩子的想法观点和行为处事一方面能被正确地引导,另一方面也经常被积极地肯定,归属感得到满足。

自我悦纳和热爱自己,这种感觉的形成离不开父母无条件的爱和尊重,是孩子对父母态度的内化。自我价值感一经形成便具有一定的稳定性,个体会主动地加工周围人对自我的看法,把这些态度和看法加工成与自我价值感相符的认知和感觉。相较于高自我价值感者,低自我价值感者面对他人的负面评价时更可能产生沮丧、挫败感,并可能会出现防御性行为,如反驳、攻击等。

(三) 教养方式

家长的教养方式对孩子自我价值感发展具有显著影响,它不仅对自我价值感总体发展水平具有显著影响,而且对自我价值感各个因素的发展也具有显著影响。

父母应对孩子采取前后一致的权威型教养方式,给予孩子温暖和尊重、肯定与理解;既能看到孩子的长处,又能接受孩子的短处;为孩子设置较高但又可以达到的清晰目标,支持和鼓励孩子努力达到这些目标,促进孩子自我价值感、自我效能感的发展,提高孩子的整体自尊水平。相反,如果父母对孩子采取专断控制型、冷漠忽视型或随意放纵型教养方式,经常拒绝或辱骂孩子,对孩子行为的引导模棱两可,粗暴的惩罚和过分的纵容交替等,就会使孩子难以体验到积极的自我价值感、自我效能感,孩子的自尊也就会一直处于低水平。

（四）家庭结构

合理、稳定的家庭结构，有利于孩子自我价值感的提升。反之，例如留守孩子，他们所处的家庭环境发生了巨大改变，现有的家庭不是以父母为主的核心家庭，而是关系松散的临时家庭，他们基本上缺失了父母在衣、食、住、行、用、安全、能力、爱好、审美、人格、品格及情感等方面的教育和交流，特别是基本缺失了对父母的心理归属和依恋，这种家庭结构的不完整性会导致孩子自我价值感的弱化。孩子在这种临时、不稳定的家庭中成长，会产生一种寄人篱下的感觉，自我价值感受到严重的破坏。

（五）社会评价

在各种人际交往中，孩子会不断地反思"我做得怎样？"从环境中的重要人物，最初是父母和其他家庭成员，后来是老师、同学以及朋友的言语和非言语反应中得到对自己的评价，再将之内化、整合为整体的自我评价，逐步发展自我价值感和自我效能感。

家庭、学校、休闲和同伴群体关系中的人对行为表现的回应，是孩子形成自我评价的重要因素。孩子通过他人的回应，得出关于"我是否可爱""是否有价值"等的判断，同时，做出对未来的自我预设。

心理学研究表明，最稳定和最健康的自我价值感，建立在他人发自内心的尊敬之上，而不是建立在外在的名声和他人的奉承之上。我们通过他人对我们的评价来确定自己的能力、潜力、意志力量、决心和责任感，通过所取得的成就，获得效能感、价值感、掌控感。高自我价值感既来源于他人对自己的评价，也来源于自己对现实状况的掌控和对未来的期望。孩子生活环境的社会连接、社会认可对孩子的自我评价特别重要。

（六）社会接纳

自我价值感水平的高低，取决于个体、个体行为与社会环境的相互作用，即个人对自己的热爱与接纳涉及个体与社会环境中他人的互动作用关系。这种相互作用如果是良性的，自我价值感水平往往可以发展得较高；

如果是恶性的，自我价值感水平往往就会较低。现实中自我价值感的水平和理想需要发生严重冲突的时候，心理问题就会产生。

学校师生、同伴、生活中重要他人的接纳，对孩子的自我价值感的构建具有非常重要的作用。低自我价值感者的不安全感导致他们认为来自他人的社会接纳是有条件的，建立在成功或外表可爱等基础上，这意味着自身任何失败的信号都会引起他人拒绝或批评，从而更加降低自我价值感。

（七）生存策略

每个人都能从别人的反应中了解自己，进而形成特定的生存策略。生存策略是一种深层的、无意识的内在模式，通常在一个人小时候就建立完成。

例如，孩子在成长过程中总是受到批评而很少受到赞美，就会得出"我是个一无是处的人"的结论，这样的经历会成为其行为准则，导致其形成的生存策略为"不要寻求帮助，无论如何你都会被拒绝的。"一些人在很小的时候就形成了这种生存策略，来保护自己免遭失败和拒绝，免于面对自己的低价值感。但是，这并不会使低价值感得到改善；相反，只会强化它。

（八）榜样示范

父母自我价值感的榜样示范对孩子自我价值感发展具有极大的影响，身教的影响甚至大于言传。如果父母积极解决问题，应对人生挑战，那么孩子更有可能在耳濡目染下形成较高的自我价值感。相比之下，如果父母遇到问题就逃避，那么孩子更有可能形成较低的价值感。

（九）体验到成就感

自我价值感既来源于他人对自己真实成就的评价，也来源于自己的成就感与对未来的掌控感。

孩子的成就感与行为目标具有相关性。

第一，自我价值感的获得与个体所倚重的价值领域取得的成就有关。比如，如果通过努力取得了某项突出的成就，就能获得较大的成就感，觉得自己有能力、有价值，满足了积极自尊的需要。

第二，自我价值感与设立的标准有关。比如，父母对孩子学习的期望和标准是学科考试成绩都是满分，而孩子的实际成绩难以达到，这样一来，孩子就感受不到努力的成就感，容易形成低自我价值感。所以，切合实际的他人期望与孩子的自我预期有助于孩子体验到成就感，形成积极自尊。

提升孩子的成就感，构建积极自尊，要充分利用孩子成长过程当中的每一个成长点，以积极的态度面对每一个改变点，每一个转折点，每一个新起点。

研究发现，培养积极自尊，需要寻找到个人自尊的支点，即促进积极自尊的契机，包括新奇、有效的训练项目以及自己突出的优势和潜能等。家长应充分利用孩子的每一个成长契机，这些都是人生的新的起点，给予孩子积极回应，帮助孩子构建对自我的积极认知和积极评价。

第三节　自尊的发展

个体生来就会积极创造有关自身世界的理论，生成对自身经验的意义，其中包括建构起一个自我的理论。个体的自尊的发展是一个连续的过程，经历了蹒跚学步到童年、青春期，直至成年期。

一、自尊发展的年龄特点

孩子的自尊水平随着年龄的增长而呈现不同的发展趋势。自尊从 3 岁左右开始萌芽，随着自我意识或自我评价能力的发展，孩子懂得和以前的自己进行比较，从而得到进一步的发展。自尊的发展不同于孩子认知的发展，它可能不会随着孩子年龄的增加而呈直线上升的趋势，而是既有上升时期，也有平衡时期，甚至可能还有下降时期。研究发现，孩子的自尊水平在小学四年级到五年级期间有明显上升，初中一年级阶段急剧下降，初中二年级有所上升，初中三年级又开始下降。初中一年级、初中三年级是个体自尊发展的关键期和转折期。之后随着年龄增加，自尊水平在青春期至成年期呈增长趋势，中年阶段，自尊水平达到顶峰，成人后期逐步下降，直到老年阶段。

二、自尊的分类

自尊不是单维概念，人的自我评价由整体的自我评价和对特定领域的评价整合而成。自尊可分为无条件自尊、独立型自尊、依赖型自尊。

（一）无条件自尊

无条件自尊，即不论做什么，是否成功，都能够感受到自我是有价值的，会被人爱戴。

无条件自尊是自尊的最高境界。拥有无条件自尊的人，其自我价值感既不取决于他人评价，也不取决于自我评价，他们不参考任何评价；在能力感上，他们不与他人比较，也不与自己比较，而是处于某种全神贯注的状态，沉浸在一种自我实现的领域或使命目标追求中，与他人互相依赖，同时又各自独立。比如，妈妈做了一桌菜，她既不依赖他人的评价，也不注重自己的评价，仅仅是想做菜，喜欢做菜，她能从中获得乐趣与满足。

拥有无条件自尊的人，他们的主要动力是"我真正追求什么""我真正想做的是什么""我真正能够做什么"，追求自我和谐的目标。

（二）独立型自尊

随着自我意识或自我评价能力的发展，我们可以比较客观地认识自己，懂得和以前的自己进行比较，从而得到进一步的发展，形成独立型自尊。

独立型自尊者的能力感和价值感，是通过与自己比较获得的。比如，妈妈做了一桌菜，她会与从前的自己比较，是不是比以前更好吃，如果是，她会很开心，如果不是，她会很沮丧。独立型自尊的人较少在意他人对自己的评价，更多地根据自己的评价决定自我价值与能力。他们的主要动力是"我热爱什么""我喜欢什么""我真正想做的是什么"。

（三）依赖型自尊

根据家庭成员、学校师生、同伴群体等对个体在各个特殊领域的能力和价值的评价而形成的自尊是依赖型自尊。依赖型自尊者的能力感和价值感通过同他人的比较获得。比如，妈妈做了一桌菜，如果大家都说好吃，她就很高兴，有人说不好吃，她就不开心。依赖型自尊的人，他们的主要动力是"别人喜欢什么""别人认为我能做什么""别人认为我能够做好什么"，追求他人与自我和谐的目标。

三、自尊形成发展的特点

孩子通过与父母、同伴、老师以及更大的社会文化情境的相互作用，得到社会化经验，对自己在各个领域的能力产生认知，形成不同的自我评价。

（一）特定领域的自我评价

特定领域的自我评价反映了个人在特定领域的能力和自我价值。

个体在成长过程当中，通过父母、同伴、老师及重要他人对其在特定领域如人际交往、日常生活技能、语言表达、绘画、体育运动等所表现出来的能力的评价信息，进行自我感知，产生对各种领域的不同的自我评价，形成自己在特定领域"是不是有价值，是不是有能力"的新认知与新判断。

必须强调的是，如果单凭特定领域宽泛的自我评价，不能够准确判断个体在这个特定领域的成就感，因为这不能体现个体在不同的特定领域中针对具体项目的成就感的差异。如，"我擅长体育"，这就太宽泛了，不能够准确确定具体体育项目，还需要具体到特定的项目中进行具体化评价，如"我擅长长跑运动""我擅长排球运动"等，获得针对性的自我成就感，这样才能在该具体事项中获得自信。

这些新生认知能力，促使孩子逐步对自我的真实价值和能力进行评估,有利于整体价值感的提升。新的认知能力有助于不同关系背景下的多重自尊的产生。这些评价反映了个体对自我在特定领域的成就的认识,帮助个体逐渐形成自我成就感。

（二）整体特征的自我评价

整体特征的自我评价通常指的就是自尊或总体自我概念,即个人对自己价值的总体评价。在发展过程中逐渐显现的认知能力,让个体能用特征标签对各领域的自尊进行更高水平的整合,如,在理科和语言方面的能力都被包含在"智慧"这个自我价值感概念中。个体逐步将自我在不同特殊领域所显现的能力,整合成自我价值的概念,对自己的整体价值感和能力感进行评价,形成自尊。到了青春期,自我认知进一步发展,孩子能成功地将看似互相冲突的自我特征整合为抽象概念,如"我是个情绪化的人"。

青春期的孩子能更好地区分自我不同领域的能力,同时也面临"多重自我价值"的发展,这在青春早期尤其明显。孩子逐渐发展起与父亲、母亲、某个好朋友、某个恋人或某个同学相关的自我——自我的定义往往取决于不同的自我描述者。尽管认知发展过程会对建构多重自我的能力产生影响,但社会作用力,比如在某个关系情境中需要呈现某个特定自我的压力,也会对这种分化过程产生影响。第一章的案例中,受到父亲责骂而跳河自杀的小斯,就是因为父亲对他的低价值评价而形成低价值感,最终感到绝望。

青春期的孩子自我评价变化非常大,直至成年后,自我评价才趋于稳定。

孩子通过对整体上和特殊领域的自我评价的整合,逐步形成整体的自我认知,形成对于自己是什么样的人的一种整体的感觉。正是这种对自己充满情感（比如喜欢与讨厌、肯定与否定）的真实感受,形成了自己是有价值或无价值的信念。基于自我评价的不同,自尊也就分为积极自尊（高自尊）和消极自尊（低自尊）。

四、高自尊是心理健康的核心

拥有高自尊的人能更好地适应社会环境，调控焦虑情绪，追求和呈现一种良好的社会形象，而良好的社会适应力是心理健康的重要标志之一。

如果自尊不足甚至匮乏，就会产生自卑、无能的感觉，导致人丧失基本的信心，无法正确地对待自己和他人的评价，不能适时恰当地对社会环境的要求或事件做出合理反应，无法及时缓解焦虑情绪，不能正常地进行社会生活。但是，自尊不足的人对自己表现出的不够良好的自我形象或社会形象特别敏感，内在有着强烈的寻求自尊的需要，以便维持自身良好的形象。这种强烈的需要与自我情绪感受之间的冲突，导致心理失调，使低自尊的人表现出种种不健康的态度与行为，或者产生神经症倾向。

由此可见，高自尊乃是心理健康的核心，是心理幸福的根源。这个核心的状态直接关系着心理健康的状况：高自尊者由于良好的社会适应而衍生出心理健康的各种表现，包括健康的认知、健康的行为以及健康的心态；低自尊者由于对社会的适应不良而产生不健康的心理状态及行为表现。研究发现，低自尊与自杀或暴力思维之间存在密切的相关性。

第四节 自尊的特征

一、自尊的波动性

自尊是有关自己是什么样的人的整体感觉，它不同于发生在成功与失败、接纳与拒绝之后因具体事件而形成的暂时的感受。孩子的自我价值感、自我效能感会因为接收不同的结果反馈而发生变化。比如刚刚得知考试得了第一名，自我价值感、自我效能感大增，而一会儿受到同伴的孤立时，情绪低落，自我价值感荡然无存，这些是正常的波动，不代表整体自尊。自尊是一个人稳定的人格因素，它相对独立，不太受一时一刻的结果反馈的影响，反而会调节这种具体的成败带来的临时感受。比如一个高自尊孩子，经历失败后不会感觉自己就是一个失败的人，只是感觉受了点儿打击，但不会被打垮。当然，一个人的自尊也会被具体事件反馈的自我能力感和具体事件带来的自我价值感影响，但整体自尊决定了这种影响的大小。

二、高自尊者的特征

（一）保持积极情绪

高自尊者对于自我保持积极的信念和评价，通常能够从积极的方面来看待自己，日常生活中通常具有更多的积极情绪、更多的生活满足感。他们不会因为成功后的积极情绪而得意忘形，也不会因为失败引起的消极情绪而一蹶不振，对于失败具有较高的承受力，能够经受打击，产生更少的焦虑、抑郁情绪和绝望感。

（二）保持自我肯定性

高自尊者肯定自己的能力和价值，不会因为某一个特定领域、某一件事情的成败而受到影响，相信自己是有能力的、有吸引力的、令人喜欢的。这种自信有助于战胜未来不确定性导致的焦虑与抑郁。高自尊者承认他们的过去有瑕疵，但会认为现在或最近的自我是积极的、有价值的。他们相信自己会越来越好，尽管周围的人不一定这样看，特别是在面对失败时。他们充满自信，具有掌控感和胜任感，也更具有韧性，行动有效，专心果断，意志坚定。他们身上表现出特有的意志力品质和积极心理力量。

（三）保持自己的独立性

高自尊者不轻易受别人的影响，不依赖别人，与他人保持清楚的自我边界，坚持独立见解。他们关注自己内心的平衡，不断成长，少有自我怀疑；信任他人，愿意从积极的角度看待他人，相信自己在许多方面都和别人一样好，而且相信在以后的交往中，多数人会对自己好。

（四）高度热爱自己

高自尊的心理基础是个人整合性、自我认同性、自主性和本真性，所以高自尊者不易受他人的影响，对自己是一个有价值的人这个判断充满信心；从积极的方面来看待自己、高度热爱自己、喜欢自己，充满自我喜悦；经常活力满满，具有正能量，心态乐观。

这种自我热爱的感觉是自尊的核心内容，也是自我最为重要的适应功能。关注自己的优势，它使人保持稳定的内聚力和内驱力，在面对困难时，表现出坚定的意志和自我认同。

三、低自尊者的特征

低自尊者通常从消极的一面来看待自己，往往被负面情绪所控制，面对事物总看到负面的因素，经常从负面的角度评价自己的行为，其行为往往不能代表真实意图和价值，甚至与真实需要相冲突。他们的积极仅建立在外在条件的基础上，内心是不够积极的。虚荣心强和自卑，是其行为表现的两个极端。

低自尊者往往并不真正了解自己的需要，不是过于依赖他人，就是恐惧和害怕他人。他们往往把主要精力放在如何维护自己的"完美"形象和自我防御上，生活的目标是努力掩饰自己的不足。比如同学聚会时，他们不是想着如何叙旧和重温同学情谊，而是担心老同学瞧不起自己，琢磨着如何穿一身好衣服、开一辆好车。他们生活的主要追求是不丢面子，以及防止自尊受到威胁。

低自尊者在与人交往时始终小心翼翼，有意识地寻求自我价值感，而内心深处却充满了不安全感。因为自我价值感和安全感匮乏，他们的行为方式也令人感到不舒服。

低自尊者被自我意识中的偏差认知、行为和情感困扰，看到的总是自己的缺点或弱势，看不到或者低估自己的优势和能力。他们经常夸大自己的不足，好像要经常看见自己的缺点才有安全感，对自己缺乏信心，惧怕失败，不确定自己是不是有价值、受欢迎。他们的自我价值感建立在取得特定的结果基础之上，会随时波动而不稳定，主观上情绪起伏不定，故而易产生痛苦的感觉，心情时好时差，对自己的感觉和态度容易走极端，感觉好就认为自己完美无缺，盲目乐观，感觉差就认为自己一无是处，消极悲观。

心理学家曾设计了一个诱发失败反馈的智力测验，研究发现，无论是高自尊组的学生还是低自尊组的学生，在得知智力测验失败的消息后都是不高兴的，或者是失望的。但是在如何看待自己和评价自己上，高、低自尊组的学生表现出了差异。低自尊组学生成功时自我评价良好，失败时则对自我不满意，认为自己很可耻，把小小的失败上升到尊严的高度，感觉自己无用和不受人喜欢，甚至产生绝望感。而高自尊组的学生则没有因为失败就认为自己很差。由此可知，高自尊者和低自尊者的一个重要区别是低自尊者受到打击、经历失败后会有深深的耻辱感和绝望感。

心理学家还做了一个实验，让高、低自尊的学生接受一个难度很高的数学测验。实验目的是考查不同自尊水平的人得知结果后的情绪反应。研究发现低自尊者得知自己测验失败后，表示拒绝参加类似测验；即使这次成功了，也不太愿意参加下次的测验。而高自尊者则相对不容易受结果的影响，无论是输是赢，他们都表示愿意参加此类测验。

研究发现，高自尊者得知自己成功后，会产生自我提升的动力，即增加了主动性和好感度，测验之后如果有自由时间，会主动搞明白测验中没搞明白的题目，而低自尊者则没有这样的行为。当低自尊者得知自己的得分是优秀时，会非常高兴，但当得知参加测验的大部分同学得分也是优秀时，马上就不高兴了，甚至开始变得痛苦。高自尊者得知其他人也和自己一样是优秀时，并不十分在意，仍然很高兴（你好我也好，我会继续努力）。这说明高、低自尊者维护自尊的方式不一样，低自尊者似乎是通过贬低或损毁他人来获得自尊，而高自尊者更倾向于通过提升自我来获得自尊。

低自尊者似乎不能从成功中获得进一步提升自我的力量，不能通过一次的成功在自我评价上获益，成功后不能充满正能量，并借势来进一步发展自己，走向卓越；他们成功后也高兴，但不会产生自豪感，好像只是松了一口气，对自己说"这次表现还不错，总算没有丢人"。他们甚至会想：

"折磨人的考验总算过去了,我终于可以过一段平静的日子了。"由于不能借助成功来提升自己,他们只好通过贬低别人来获得自尊,只有在得知别人不如自己时,他们才会更加喜悦、感觉到安全。

而高自尊者则能够从成功中获益,成功对于他们来说是重新发现自我的好机会,也是自我的一个转折点。他们会对自己说:"这次成功了,就说明自己是一个有能力的人,看来过去的自我评价是错误的,自己真棒,自己原来并不比别人差。"在得知别人成功后,他们并不觉得别人妨碍了自我,而是盯着自己的目标,想着下一步如何做得更好。

高自尊者通过内部心理的力量来进行自我提升,即拿自己与自己设定的目标比较,通过激发内部的动机超越自我,以实现人生的价值。而低自尊者则是通过人际比较来进行自我提升,即通过超过别人来实现自我的价值,他们怀疑自己的能力,需要依赖他人的良好评价来获得自我提升。有研究发现,当诱导低自尊者把注意力和动机放在如何挖掘内部资源、关注潜能实现时,人际比较效应就消失了,他们也能够通过内部心理的力量来进行自我提升。

由进一步的分析可知,这两种不同的追求和动机,在失败后的消极情绪方面具有质的不同。一个人如果为自己设定的目标而努力、追求自己的理想,挫折与失败导致的情绪就是内疚感和遗憾感,即觉得很惋惜,其中包含着同情和怜悯。如果一个人设定的动机是把他人比下去,那么失败后他将产生无地自容的羞耻感,仿佛看到了别人嘲笑的目光,但实际上可能只是他自己的投射,因为他自己就是这样看待自己的,才会认为别人也是这样想的。

高自尊者总体上对自己持有积极的看法,对自己的优点和价值深信不疑,所以他们认为失败的结果只是局部的、就事论事的。而低自尊者对自己是否有价值、是不是一个好人不确定,自我肯定是脆弱的,自我概念是好坏参半的、不稳定的,他们失败后就会感觉自我受到了打击,感觉到耻辱。因此,对于自尊水平不同的人来说失败意味着不同的东西。低自尊者认为失败意味着整体的不胜任,自己是个很糟糕的人。而对于高自尊者来说,失败只是意味着在某一方面暂时能力不足。

四、小心孩子的低自尊

父母一定要小心孩子的低自尊，注意孩子的低自尊表现并及时加以引导。

> 程程是一个乖巧的孩子，今年9岁。父母从小就教育女儿"要听话、要乖，要做一个大家都喜欢的好孩子"。女儿在班级里也确实是这样做的：同桌喜欢她的橡皮擦，程程怕失去这个朋友，就忍痛割爱，把橡皮擦送给了同桌。无论在什么情况下，程程对别人的请求都一律说"好"（如下课了，作业还没写完，但耐不住别人的央求，就丢下作业去陪同学做游戏；与同学聊天时，别人声音稍大一点表达不同的意见，程程就不再敢提反对意见）。班主任老师评价程程"是一个非常友善的女孩"。小学3年来，程程从未与同学产生过矛盾，哪怕是一次争吵都没有。程程的表现让父母十分欣慰。

其实，程程每天都过得担惊受怕：怕自己一不小心就会失去朋友，怕自己的拒绝招来别人的讨厌；怕任何来自同学、老师、父母的"不"的声音……这正是低自尊的表现。如果程程父母没有意识到这个问题，不及时调整和纠正，这种消极内在生存模式会导致程程慢慢形成低自尊的人格。

低自尊的人，一生都活在别人的意见里，只有独处的时候，他们才有可能做回自己。自卑、压抑、紧张的情绪时刻困扰着他们，这是一种非常痛苦的心理状态。下面是心理咨询中部分低自尊者的自我描述：

> 小张：每次参加公司的集体活动，我都很纠结。大部分活动其实我并不喜欢，但只要同事喊我去，我就不好意思拒绝，我怕别人说我不合群。所以，每次活动回来，我都为泡汤的周末计划而头疼无奈。我的生活，仿佛是别人说了算……
>
> 高中二年级学生青青：我从小就害怕与人产生冲突，害怕自己的意见与别人不一致。如果遇到自带气场的人，我立刻会在心理上矮一大截，甚至说话都会语无伦次。偶尔与别人发生争执，只要对方语气

一强硬，我立刻就妥协了，虽然心里一百个一千个不同意。

在成长过程当中，如果个体实现了自己的价值和潜能，其真实体验与自我内在需求是一致的，就会形成积极的自我概念，并逐渐建立积极自尊（高自尊）。

在早期的亲子互动中，如果父母的爱是有条件的（如父母从自己的意愿出发，教育孩子要听话、懂事，不给别人添麻烦；父母较为强势，漠视孩子内心真实的需求，控制孩子的行为与情感，对孩子满足父母需求的行为进行奖励，反之进行惩罚），孩子就会不自觉地把这种外界强加的标准当作自己的人生行为准则，而忽视了内心的需要（说真话，表达真实的需求和情感，表现真实自我）。如果孩子从小被父母忽视，严重缺爱（如留守孩子），或者父母本身为低自尊者等，孩子就更易形成较低的自我价值感，其自尊水平也较低。

孩子天生具有"我要做"的自我发挥和自我完成的欲望，希望自我的潜力得以实现。他需要环境尊重他的独特性和自主性，创造条件拓展自己的潜能，成为独特的自己。父母应从培养孩子的积极自尊出发，给予孩子更多的肯定、鼓励和引导，帮助和陪伴孩子做最好的自己。

当孩子出现低自尊表现时，或者家庭教育中存在上述问题时，都请父母提高警惕，做出行动，给孩子一个阳光、自信、自己做主的人生。

第六章　需要匮乏

需要匮乏是指父母漠视孩子的内在需要，以自我为中心，发出对孩子行为的一系列禁令，导致孩子成长的需要未得到满足而产生匮乏感受。这些禁令的本质是对孩子的情感忽视，甚至虐待[①]，会产生消极影响并且有很强的约束性，在孩子的生活中一次又一次反复出现，造成内在创伤，严重阻碍孩子的健康成长。这些创伤会导致内在的对自己、对他人的消极感知，其形成的原因主要包括：目睹对身体或心理的家庭暴力，如父母之间的殴打、辱骂等，或者是父母对孩子的过度保护、拒绝、排斥、遗弃、不支持、情感缺失、漠视等。这些内在创伤常常来自原生家庭，并影响着孩子对自己的看法。不论这些创伤是来自有意识的还是无意识的，对孩子心理、情绪、身体以及精神功能都会产生伤害，使孩子自主生活、自我掌控变得困难，妨碍良好人际关系的建立，对孩子未来的亲密关系产生负面影响，不利于他们形成稳定、健康的人格。

需要匮乏的孩子，其情感与思想长期被困惑和焦虑包围，他们在巨大的不安全感下不断地挣扎，寻找让自己赖以生存的适应方法，希望能够控制环境，满足安全的需要，获得归属感，赢得尊重，感受到自己的价值、能力和力量。需要的匮乏是成长的阻力，会将孩子困在追求满足这个需要的怪圈中，阻碍身心健康与发展。只有在合适的环境影响下，自我成长的潜能被激发，困扰的情绪被疏通，匮乏动机才会消除。

---

① 这里的虐待是指成长过程中在身体、精神、情绪等方面对孩子的核心自我认知造成负面影响的行为。

第一节　安全感匮乏

孩子的情感安全、掌控安全的需要得不到满足，就会导致安全感匮乏。这种匮乏感会控制孩子的情绪与行为，甚至让孩子调动机体的全部能量来满足匮乏的安全需要。一些安全感匮乏的人，可能终身都在寻求这种安全需要的满足。

夜深了，小美在街边的大排档已经坐了两个多小时，一仰脖又将剩下的半瓶啤酒喝完。她醉眼蒙眬地看着身边的行李箱，趴在脏兮兮的桌子上呜呜地哭了起来。

现年三十八岁的小美，觉得自己是这个世界上最不幸的女人。她已经离过两次婚，每次婚姻中遇到的男人，包括现在把她赶出家门的德哥，几乎都是一个模子里刻出来的那种渣男。小美想不通的是，为什么闺蜜们的婚姻幸福美满，而自己这么不幸，遇见的男人都是渣男，命运对自己太不公平了，总是和自己过不去。

两次离婚后的小美，遇见了表情冷峻的德哥，这个男人透着一股不容侵犯的气质，让她又产生了一种被保护的感觉，内心少有的安全感让小美爱上了这位叫德哥的男人。德哥对其他人都是一脸的高冷，唯独对小美是一脸的热情，目光灼灼，小美觉得自己这一次遇到了真命天子，心里美滋滋的，过去的所有不愉快都成为过眼云烟，一去不复返。

小美和德哥生活在了一起，时间久了，小美发现德哥与前夫一样，酗酒、赌博、嫖娼、家暴……同样是一个渣男。

小美一次又一次地梦见儿时母亲搂着她以泪洗面，而父亲又是几天不知去向，她的内心充满了恐惧和害怕，与自己同样大小的小女孩却幸福地牵着父亲的手笑着，小美很羡慕。

小美想要的其实不多，只是希望像那个小女孩一样被疼爱、呵护而已。可就是在梦里，这个需要也无法实现。

　　长大后的小美，在夜深人静的时候从梦里醒来，经常像母亲一样以泪洗面，伤心地哭着。小美一直搞不清楚自己为什么总是如此不幸，总是会遇到同样的男人。

　　如今，小美又一次流落街头，不知道自己的路究竟在何方。

内心强烈的不安全感困扰着小美，她一直在寻求安全感的满足，童年的创伤使小美缺乏正确判断人和事物的能力与界限，总是爱上渣男。

安全感匮乏的人通常有会以下表现。

一、过度追求表扬

　　安全感匮乏的个体，往往表现出自我认知偏差，内心敏感、脆弱，低成就感、低自我价值感，追求外在的认可来证明自我的价值和成就，他们的思维方式比较消极，过分在意别人的感受，担心别人不高兴，有讨好别人的倾向；在他人面前总是喜欢展示自己，炫耀自己的成就，希望获得他人的赞美或认同，或是用过于谦虚的方式夸耀自己，希望得到别人的认可。真正的安全感是积极心理力量，具有稳定性，是成长过程当中父母真爱的滋养形成的，不是别人给予的。

二、好高骛远

　　安全感匮乏的人，常对自己定下严苛的标准和远大的目标，这与自卑有些类似：越是自卑的人，越喜欢向他人展示自己的高标准、高要求和远大理想。这类人在平常的生活和工作中，总是抱怨现在的一切还不够好，觉得自己能做得更好，这样可以给人一种自己很优秀的感觉，他们希望通过自我约束，缓解内心的不安和焦虑。其实这类人的内心充满孤独，焦虑而自卑，患得患失，优柔寡断。

三、消极应对

安全感匮乏的人，在潜意识里认为自己不配拥有美好事物，所以惧怕接受美好事物。在人际交往中总是过度防范，怀疑，不信任人，如果别人向他们表达赞赏或喜爱，他们潜意识的反应往往是"这不是真的"。面对不能确定的事物，他们往往选择不相信，随之放弃。安全感匮乏和自卑其实在很多层面上都是相似的，都是低成就感、低自我价值感所产生的消极应对策略。

四、害怕改变

当安全感匮乏的人远离熟悉的环境时，会比常人更容易感到烦躁和焦虑，情绪变化激烈；面对新的人际关系时，显得局促不安；面对没有做过的、具有挑战性的事情时，感到焦虑不安，担心害怕。生活中的任何改变都可能让他们出现焦虑、害怕的情绪反应。他们喜欢生活一成不变，买同一个品牌的东西，走同一条路，坐在同一个位置，做同样的事情。

五、情感依赖

安全感匮乏的人，内心充满着强烈的渴望与期盼，外在表现却是患得患失，优柔寡断，或者行为退缩。他们总是祈祷上天给予力量，表现出"我害怕，谁来保护我？"的怯懦感。他们倾向依赖那些看起来气势很足、内心强大很具有安全感的人，或者是希望得到心理能量很足的人的照顾。

第二节　存在感匮乏

一些父母漠视孩子的存在，漠视其亲子情感连接，以各种方式传递

"你不存在""你不重要"的信息,在这些信息中,可能会包含着"都是因为你"的怪罪。长此以往,孩子觉察到的是来自环境互动关系中人的漠视、嫌弃、责备,内心总是被无力感、无价值感、内疚感、羞愧感所困扰。如果父母有打骂、虐待、苛责等暴力行为,对孩子的身心伤害更是雪上加霜。

  初中一年级的小勇,在团体心理辅导活动中分享了这样一个故事:"在我的记忆中,父母经常当着我的面毫不顾忌地大声吵闹,有时还大打出手,常常把我吓得大哭大叫。6岁那年,他们居然在我毫不知情的情况下离婚了,把我丢给了年迈的爷爷照顾,各自出去打工。一走就是两年,杳无音讯。两年后,他们又一起回到了家,居然还带着一个弟弟回来,告诉爷爷说,他们复婚了。可回到家里没住几天,他们又把弟弟丢给了爷爷,不知去向,几年也没有回家。我在他们眼里好似空气一样不存在。年迈的爷爷艰辛地照顾着我们兄弟二人。"

  他做了这样的人生规划:"高三的时候我会爱上班上的一个女生,可是,女生会漠视我的爱,无情地拒绝我,我万念俱灰。人世间,凡是我的亲人,我喜欢的人,都会无情地离开我,我感到特别孤独与绝望,我的人生不会有任何希望,唯有自杀才能够解脱。自杀行为发生后,爷爷发现了,及时把我送往医院抢救。我苏醒过来,与爷爷相拥痛哭。我望着满脸沧桑的爷爷,茫然无助的弟弟,愧疚感让我声嘶力竭地说:'对不起啊!我难受啊!'当我慢慢地冷静下来,就暗自下定决心:为了爷爷,为了弟弟,要坚强地活下去!我要强大起来!在我32岁的时候,父母可能会回来,并要求与我一起生活,但我是坚决不会答应他们的!"

"不该存在"的偏差认知导致小勇的存在感严重匮乏,强化了"我是多余的""我是不受欢迎的""我是不该出生的"之类的错误信念,使他更加恐惧、绝望。而本能的求生欲望,又使他不得不压抑自己真实的情感需求,用扭曲情绪下的扭曲行为,来迎合环境,求得生存。长期下去,就可能产生绝望感，甚至出现自伤、自杀行为。

存在感匮乏的人通常会有以下表现。

一、转换

一些存在感匮乏的人会把对别人关注的渴望转化为躯体反应，经常出现身体不适，向他人喋喋不休地讲述自己的病情是如何折磨着自己，自己有多难受、多痛苦，内心不停地怨恨身边的人，"我的身体状况这么差，你们都看不见吗？""所有人都不关心我啊！"

部分人还会以各种冒险的方式自伤或者自杀，其潜意识认为："我受到伤害，你们就能够看见我。"自伤者在日常生活中总是会"遇到"各种事故，其实，是他自己总在无意识中寻找甚至"制造"各种事故，以引起他人的注意，寻求存在感。

二、回避

为避免一些不利的后果，存在感匮乏者在潜意识里认为："要活下去，就不能和别人亲近。"他决定不与任何人连接、交往，更不能够与他人亲近，认为这样就可以防止他人因为不喜欢自己而伤害自己，同时，也可以防止因为他人对自己的排斥而绝望。

三、讨好

一些存在感匮乏者会以一种病态利他的方式与人相处，认为"只要我服务于你，你就会认为我有存在的价值"。他们总是不顾自己的尊严，或者漠视自己的情感需要，没有界限地去讨好别人，或者无微不至地关怀，或者没有界限地做好事，自己却完全意识不到这样的行为实际上也对他人造成了伤害或阻碍了别人的心智成熟与发展。

四、替代

还有一些存在感匮乏者会以拼命学习、拼命工作、拼命追求成功的方式，回避和掩盖内心的恐惧与孤寂。他们在潜意识中认为"只要我足够好，你们就会看见我的存在"。他们的内心充满孤独、恐惧、愤怒，强烈地期盼别人看见自己的存在。这类人可能会在某一种情形下，因为心理力量的崩溃而退缩，甚至出现极端行为。

第三节　认同感匮乏

一些父母或老师习惯于从自我状态出发，要么漠视孩子的意识、情感和行为；要么仅关注孩子的偏差行为，表达自己的不满意，而对孩子好的行为视而不见，常常对孩子进行说教、批评，传递"不要做自己"的信息，导致孩子认同感匮乏。

留守学生东东，乖巧懂事。

一天，东东敲开了校长办公室的门，一进门就气喘吁吁地说："校长，马老师找我的茬。"说完眼泪就哗哗地流了下来。校长看见略有些紧张而又伤心的东东，递上一张纸巾，蹲下身子，和善地说："别着急，坐下来慢慢地说。"

东东慢慢地把事情经过告诉了校长：

"本周，我是值日生小组长，按照班上的要求，小组成员每天早上上课前负责打扫教室卫生。周一早上，因为我们到校的时间晚了10分钟，刚做完教室清洁，上课铃声就响了，慌忙当中还没有整理好清洁工具。马老师看见教室里摆放不整齐的清洁工具，就大声地说：'今天是谁负责教室清洁？'我站了起来，他就批评我：'清洁工具乱摆乱放，成何体统！'我站着听了一节课。周二早上，我组织小组成员早早到学校，把教室打扫得干干净净，清洁工具摆放得整整齐齐。上课了，马老师来了，我两眼瞪得大大地，全神贯注地看着马老师，希望他说点什么。马老师看了看教室和清洁工具，什么都没有说就开始上课了。我当时非常失望。周三早上，做完教室清洁以后，我们把清洁工具随意地堆放在教室后边的角落里。马老师一进教室，看见清洁工具，就立刻罚我们小组的所有同学面壁思过。周四早上，我们又把教室清洁做好，清洁工具摆放得特别整齐。可是，马老师又什么都没说，我内心特别难受，都想哭了。今天我来到学校，就是不想组织小组成员做清洁，所以，就找校长您来了。"

马老师不认可东东他们做教室清洁的努力，更没有了解发生的事情背后的真实原因和情感需求，只对没有做好的情况进行批评，却不对做得好的情况进行表扬，导致东东认同感匮乏。东东没有及时做好教室清洁的内疚情绪被认同感匮乏所产生的愤怒情绪所替代，又因为弱小而无助的自我感到伤心，于是产生"老师在找我的茬"的扭曲认知，导致"你不认同我，我就不做了"的偏差行为出现。

不认同孩子，不仅表现在父母或老师漠视孩子的成长与努力，还表现在拔高要求、追求病态完美。如，孩子考试考了 99 分，家长会说"为什么不是 100 分？"孩子考了 100 分，家长则会说"别骄傲，你没有次次都考到 100 分"。孩子因为成就感而愉悦时，家长又会说"得而不喜，失而不忧"。孩子总是被指责、被修正，家长既隐藏自己的真实情感，又不认同孩子的本真情感反应，向孩子灌输"不要做你自己"，导致孩子认同感的匮乏。

不认同孩子，还表现在不认可孩子的年龄特征和成长规律，孩子被迫小小年纪就承担许多不符合其年龄特征的"体谅父母"、独立自主、坚强勇敢等责任。孩子失去童真，导致成年以后出现严重的心理问题。

在家规苛刻或者父母自己有严重的适应问题（如成瘾行为）的家庭，孩子都有可能被要求"不要做你自己"，其表现形式可能是"你应该……""你不能……"等。"不要做你自己"还来自性别歧视和不允许孩子按照自己的天性（天赋、兴趣、希望、梦想）发展自己，而要求孩子失去自我地迎合别人的要求，形成讨好型人格。

> 妈妈生下我后，爸爸嫌弃我是一个女孩，无情地抛下妈妈和我离家出走。无奈之下，妈妈带着我回到姥姥家。妈妈和姥姥在我成长的过程中，经常在我的耳边唠叨："你要是个男孩就好了。""你要是个男孩你爸爸就不会离家出走了。"并且把我当男孩养育。
> 就这样，我不认可自己是个女孩，也不知道怎样做女孩。从小到大不仅穿着、发型上像男孩，学习上也偏向男孩喜欢的理工科，计算机学得尤其好，周围女同学的电脑出了问题，也都是由我负责修理。但是，我却怎么都快乐不起来，我羡慕女生飘逸的长发，羡慕女生漂亮的长裙，羡慕女生人前的撒娇，我却非常惧怕自己这样的打扮。我不知道我在怕什么，夜深人静的时候，经常偷偷地藏在被窝里哭泣。我不知道我到底是女孩还是男孩，我不知道自己到底应该怎样做人。
> 在心理咨询师的帮助下，我重新构建了"我是一个女孩"的自我认知，对人生做出了"要做一个美丽可爱的女孩子！"的决定，开始重塑自我。如今，我留起了飘逸的长发，并且穿上了漂亮的连衣裙，也找到了人生的价值和自信。

认同感匮乏的孩子，不可能成为自己。唯有通过专业人士的引导，重构自我认知，重建自我价值感和自信，通过人生再决定，重塑自我，才能够实现自己的价值，成为最好的自己。

认同感匮乏的人通常会有以下表现。

一、迷茫

认同感匮乏者被"不要做你自己"的信念所禁锢，不知道自己该做什么，不知道自己有没有能力做好应该做或能够做的事情，也不知道怎样处理自己的真实需求与环境的冲突，总是处于适应环境的要求与渴望满足成长需要的冲突中，迷茫、矛盾、无助。为了求得生存，他们不得不压抑自己的真实情感需求，顺从父母的意愿，放弃独立思考、探索和创造，内心却累积着愤怒、恐惧、失望等消极情绪，容易出现攻击、自残等偏差行为。

二、低自尊

认同感匮乏者对环境与他人总是处于防备状态，敏感、多疑，对他人不信任，封闭自己，消极情绪多于积极情绪，自我效能感、自我价值感低，自卑。他们总是把自己搞得忙忙碌碌，希望尽快完成一件事情，取得成就感，获得社会的认同，但又惧怕失败。当出现差错时，他们不能够接纳不同的意见或建议，常常寻找各种理由为自己的过失辩解，维护自己的低自尊。丧失感与成就感的冲突容易引发愤怒、歇斯底里、伤痛欲绝等极端情绪。

三、成长缺陷

为了不被父母嫌弃，获得认同，潜意识中"不要做你自己"的信念促使孩子压抑自我的天性和本真情感，总是对自己说"我不能够天真""要成熟、稳重"，行为表现就是做事小心翼翼，为人刻板僵化，失去童真，就像一个"小大人"。外显的成人状态与孩子的天性需求极度冲突，这样的孩子容易出现胆怯、恐惧情绪。

在社会化的过程当中，孩子的天性没有得到充分拓展，身边的重要他人的榜样影响和引导缺失，本应该在童年形成的成长型思维模式、情绪智慧和实践操作技能难以形成，许多应该完成的事项却未完成，将严重影响其未来社会适应和自我发展，以至于长大成人后还需要重新建构和提高许多基本的生活技能。在他们看来，人生的价值就是承担责任，不能够有享乐的念头或行为。为了避免明明正常却被认为不应该有的想法与行为所导致的内疚感，他们就不能有快乐，也不能表现出自由与愉悦，最终会因为压抑而身心疲惫，严重缺失自我发展的内驱力。

第四节 情感匮乏

一些父母漠视孩子的心理发展和情感需求，常常以爱的名义发出一系列禁止命令，采取不当的行为，阻止孩子表达真实情感，造成孩子情感滞留，使孩子的真实情感需求得不到满足，导致孩子情感匮乏。

一、情感禁止

一些父母禁止孩子表达真实情感，孩子出现真实情绪时，父母就会发出"不许发脾气""不许哭""不许撒娇""不许笑"等禁令，这与社会文化背景有一定关系。长此以往，孩子自然就会形成"有的感觉是不好的，因此不能有这种感觉，而应该有那种被公认的好感觉才对"之类的错误认知。

还有一些父母，在亲子互动中隐藏自我的真实情感，总是处于一种冷冰冰的，或者木讷的，或者谨慎的，或者"处变不惊"等情绪状态中，很少表达自我的真实情感。在这样的家庭中的孩子，学到了"不要表达感觉"的情感表达方式，他们会很努力地压抑和屏蔽内心的真实（积极、消极）情感，不向他人表达。这类孩子没有在环境中获得有效表达情绪、管理情绪的能力，被禁止的情感也没有通过有效的渠道疏通或释放，慢慢地就不知道怎么表达内在的情绪情感，造成情感滞留、堵塞、困扰，导致情感匮乏。

情感禁止也表现为父母随意禁止孩子的行为，即情感支配行为。行为是情感的外在反映，禁止行为，实际上是禁止情感。当这类父母不接受符合孩子心理特征的某些行为时，就会以自我为中心，发出禁止的命令，禁止孩子的这些行为。例如，孩子兴高采烈地与父母分享喜悦，父母却冷冰冰地说："有什么值得高兴的。"又如，孩子沉浸在探索与创造的游戏中，兴奋不已，而父母却大声吼叫："你这样很烦人的啊！"殊不知，这样的禁止行为已经对孩子造成了伤害。孩子感受到的是自己的真实情感不仅得不到共鸣，而且还被堵塞；感受到的是不被理解，不被接纳；感受到的是被遗弃。如果从小到大，孩子的情感行为一直被禁止、被堵塞，不仅会使孩子缺乏表达情感的能力，而且会破坏亲子关系。这些童年创伤经历，会严重影响孩子的身心健康。

一些父母很少或者没有与孩子身体接触，如拥抱、抚摸等，同时也压抑着自己的真实情感反应，很少或不正确地回应孩子表达的真实情感，孩子接收到的是"不要亲密""不要接近""不要有情绪"等信息，可能就会做出"我不能够与他人有亲密关系，这样我就不会有痛苦了"的决定，长大后就习惯与别人保持距离，并对别人的善意持怀疑态度，因为"不要亲密"的禁止信息使他认为"所有我关心的人最终都会离我而去"，即使由于生理和心理需要而与人建立了亲密关系，他也会以各种方式去试探甚至考验别人，直到把关系破坏为止。一旦发生互动关系的矛盾，不是积极主动聚焦解决问题，而是设法维护自我的低自尊感，以先逃跑或先拒绝别人的方式中断关系，并且在关系中断后，还会有一种"我早知道会这样"的感觉，而这样的感觉会如同"预言的自动兑现"一样，使他在下一次关系中遭遇同样的失败，却又不知道怎样去维护这些不想失去的关系，内心总是被沮丧、无助甚至绝望所困扰。

情感禁止还表现在父母忽视孩子的自主思考。

一个大学生对他所学的专业非常不满，并为此痛苦不堪，不能够坚持上学，与父母一起来咨询。咨询师问道："既然你这样不喜欢这个专业，你为什么要报这个志愿呢？"他脱口而出："当时我负责考试，我妈妈负责为我填报志愿，我爸爸负责打工给我挣钱啊！""这么多年我们家都是这样的，妈妈在方方面面都对我照顾与考虑得非常好啊！"

一个人需要充满希望地活着，体现自我价值。孩子的成长就是发现问题、直面问题、解决问题的过程，在这个过程中，孩子的心智逐渐走向成熟，逐渐构建自我概念，这就是孩子会有那么多"为什么"的根本原因。

孩子是伴随着对世界、对人生的"为什么"成长起来的。如果这时候父母表现出极大的兴趣，就是在肯定和鼓励孩子的好奇心和求知欲，同时满足孩子自我成长的需要，激发其自主成长的内驱力；如果父母对孩子的提问和思考表现出厌烦、冷漠，甚至轻视，就是在向孩子传达"你的思考没有意义""你不要思考"等信息，孩子求知的内在情绪就被禁止，被阻塞。

孩子具有强烈的参与感和掌控感，需要父母尊重他们，平等地对待他们，给他们参与权、知情权，尊重他们的意见，他们往往会表达自己对一些事件的个人意见或建议，也希望父母能够让他们知晓家庭发展情况并参与重大事件的讨论，听取他们的提议等。一些父母轻视孩子的参与需求，常常对孩子说"大人的事小孩不要管""大人说话小孩不要插嘴"等；还有的父母随意插手孩子成长中的问题，如人际冲突、困惑等，都是在向孩子发出"不要思考"的信息，这样会导致孩子的参与、自主、掌控等积极情感被禁止，被阻塞。

另外一种比较特殊的情况是，有的父母自己缺乏思考、解决问题的能力和资源，选择用拳头、谩骂、哭闹等简单粗暴的方式来阻止孩子的情感表达，孩子得到的也是"不要思考"的信息。这类孩子长大后，处理问题时往往也不加思考，简单粗暴。

忽视孩子的自主思考，还常常表现为对孩子的行为指手画脚，发出禁止命令，"不要做这个""不许碰那个""不要……"还有可能习惯于替代孩子思考和行动，阻止孩子自主思考的需要，使孩子犹豫不决，无所适从，缺乏主见。

二、情感勒索

有一部分父母为了满足自我成长过程当中匮乏的情感，会去勒索他人，主要是勒索孩子的情感，以获得满足感。

> 职业高中学生阿明，因两次自杀未遂，由父亲陪伴前来咨询。
> 经阿明描述，阿明的父母对他的过度宠溺，已经超出了他能容忍的界限。例如：有一次在家吃饭，阿明只是随口一提，说楼下某某家

的烧牛肉很好吃,他爸爸直接放下碗筷去给他买烧牛肉。这样的事情数不胜数,阿明都不敢在家说任何话,多次沟通都摆脱不了父亲的无微不至甚至于过度放纵的照顾,因而他的内心压抑无比。父亲因为对阿明的过度满足,完全忽视了阿明的情感。

在与阿明父亲的沟通中了解到,阿明的爷爷年轻时,常年在外从事水上运输职业(纤夫),嗜酒成性、脾气暴躁。奶奶性格懦弱,忍辱负重地生活,默默无闻地付出,照顾家人,显得有些麻木、无力,阿明的爸爸经常遭人欺负,在极度恐慌与毫无安全感中长大。所以他做出了"要保护好自己的孩子"的生存决定,决心要在未来照顾好自己的孩子,不让自己的孩子受任何委屈,于是形成了"满足孩子的所有要求"的行为模式。

一些父母漠视孩子的情感需求,不去感知孩子情感行为的深层动机,往往从自我状态出发,无边界地给予"关怀",不仅对孩子传递了"不要表达真实情感"的信息,而且剥夺了孩子的情感自由,导致孩子情感匮乏。同时,父母也处于压抑自己的某种感觉的状态,以至于渐渐失去了自己的真实感觉,通过对孩子无边界地给予,来满足自己成长过程当中缺失的情感,这实际上是对孩子的情感勒索,对孩子造成了伤害,父母却不能够觉察。在情感勒索环境中长大的孩子,或者会因为极度的情感压抑、窒息而走向极端,或者会对自己的感觉迟钝,或者会共情力缺乏,或者也学会了情感勒索。

父母情感勒索还表现在强迫孩子完成自己未达成的意愿。比如父母因为某种原因,未能从事自己喜爱的某种职业,于是把这种未满足的情感需求转嫁给孩子,漠视孩子内在的真实情感反应,从自我状态出发,强迫孩子去学习、去选择、去从事这种职业,让孩子满足父母自己未满足的情感,让孩子负重前行。

还有些父母漠视孩子在人际交往方面的情感需求,总是要求孩子参与家里的七大姑八大姨的情感纠葛当中,索取孩子的情感,代自己承担情感责任,代自己偿还情感债务,满足自己的情感交流,从而导致孩子厌恶人际关系,社会连接的情感需求被破坏,被阻塞。

三、情感荒芜

一些孩子（如留守孩子）的亲情缺失，不仅得不到父母的爱抚，情感冲突也不能够得到正确的疏导和释放。即使有其他亲戚或者学校的关爱，但是这种关爱不能够替代父母的爱抚，更不能够满足他们内心对父母的真实情感的需求，往往会使他们更加渴望父母的爱。他们对父母的情感需求长期得不到满足，仿佛身处感情的荒漠，疲惫不堪。如果日常生活中再受到监护人的排斥与不公正待遇，孩子的内心会有非常强烈的认同饥渴。

父母冷漠、不适应新环境、同伴欺凌等因素，均会导致孩子人际关系疏离，情感缺失，导致情感认同饥渴，内心情感荒芜。

情感荒芜的孩子，缺乏常态的社会连接，社会人际资源严重不足，在困难与问题面前，缺乏有效的人际支持资源，情感生活孤寂，心理能量严重不足。他们可能是"物质生活的富豪，精神生活的乞丐"。

情感荒芜的孩子可能会通过各种扭曲行为索取父母的关注，以求获得爱。比如，生病的孩子得到父母的照顾和爱抚，从而产生"我只有在生病时才能够得到父母的爱"的偏差认知，进而形成"只要不健康就能获得爱"的信念。

在寄宿学校读小学三年级的小刚，今天肚子又痛得厉害。老师带着小刚和小刚爷爷前来心理咨询室咨询。

小刚爸爸长期在远洋渔船上打工，平均两年才回家一次。

小刚三岁那年，妈妈把小刚托付给爷爷照顾，也上船做后勤工作。爷爷除了照顾小刚和堂弟，还要养殖与种庄稼。二年级上期期末，小刚得了急性阑尾炎，爸爸妈妈急忙回家照顾，春节后小刚胃肠感冒，爸爸妈妈推迟出海，待在家里照顾至小刚身体康复后才离家上班。之后，小刚经常闹肚子痛，几次去医院进行身体检查，都查不出问题，回家休息几天后，症状自然消失。

小刚在躯体不适的状态下获得父母难得的爱抚，于是形成"只要我不健康，父母就会爱我"的信念，无意识中认为"健康意味着孤独甚至被抛弃"。这种现象如果长期存在，小刚就容易形成无病呻吟型的人格特质。

还有的父母天天吵架或者闹矛盾，只有在孩子生病或者出现情绪问题时才会暂时停止，如果这样的情况反复出现，孩子就会得出这样的结论：我只有显得不正常，我的父母才会停止争吵。于是，孩子就为自己做出"不要像一个健康的人一样好好活在这个世界上"的早期决定。

这种在原生家庭中形成的"我只要不健康就能获得爱"的生存信念，会延续到新的家庭生活中，当事人会习惯于用"不健康"去寻求家人的关注，去操纵配偶及其他家人。

情感荒芜的孩子渴望得到认同、获得关爱，但他们自己往往没有爱的能力。

第七章　生存模式

一个人的生存模式，是个体在社会化的过程中与环境互动形成的。家庭环境是个体赖以生存的外部条件，不仅影响个体对自我内在需求的鉴别，决定着个体的自我生存策略，还影响着个体内在生存模式的形成，决定着个体的生存与发展方向。

每一个人成长的环境不一样，所形成的生存策略也不一样，最终形成了自我独特的内在生存模式。

第一节　内在生存模式

内在生存模式是一个人在成长过程当中，受外界环境的影响，根据自己的经历逐渐形成的一种具有独特性的生存策略。它包括了一些核心信念和目的，即无意识的人生决定。

一、内在生存模式的心理过程

人受具体情境的刺激，尤其是与家庭成员、同伴、同学等的人际连接与互动，逐步社会化，形成自我概念。孩子在社会化过程中所认可的生命中的重要他人，对形成自我概念的影响会更大。

孩子，特别是学龄前的孩子，在社会化过程当中，首先是凭感觉将从环境中感知到的东西，包括自我观察、自我探索、自我创造、自我践行、人际互动等，特别是父母的语言、表情、动作，在特定情境下所表达的情绪、信息，不加任何筛选地摄入大脑，全部保存下来，进入内心世界，联系在一起，慢慢地吸收、整理，形成一个较为完整的概念储存在心里。要完成这个过程，需要相对多的时间和相对独立的空间，需要排除干扰。所以，父母在陪伴孩子时，要给予孩子相对安静的外部环境，不要随意地去打扰孩子，并且需要给孩子一定的独处时间，让孩子去思考、去整理、去储存，形成自我的内在生存模式。

人的内在生存模式就像电脑的内存一样会不断丰富和扩展，将外在的世界容纳进来，逐渐形成一个非常大的、有序的系统和生命空间，这个系统有多大、有多丰富，完全取决于成长过程中的感觉与认知以及创造。如：看见蛋糕想到了生日，就会给蛋糕赋予生日的概念，整理出生日庆典需要用蛋糕赋予情感表达的行为方式，这样一个整合起来的"美味蛋糕—生日礼物—生日庆典—快乐的感受"内心积极情绪体验和具体形象就形成了。通过这样的仪式化的情感表达，我们扩展到了人生的希望感，体验的幸福感，对未来新的希望感由此产生。当我们遇见相同情况和需要的时候，就会提取大脑中的这些片段，表现出相应的情感与行为。

所有的事情、所有的感触、所有的情绪都会经历心理工作，由此发展出我们处理新情境的特定方式，我们也会逐渐内化相关事件中重要他人的观点，形成对人生的认知与理解。这样，我们才会把外在的世界和自己内在的世界相融，将过去建立的有关自己、他人和世界的关系的基本信念和结论合成为未来生活中做决定和行动的准则，形成自己的内在生存模式，创造出自我。

个体经验对社会化过程的发展起着十分重要的作用，在连续进行的学习过程中，孩子不断将新的发现转化为内在的意识，发展出一个整合的心理结构系统，形成了自己的思考和行为模式，发展出应付各种环境与情境的策略，从而形成内在生存模式。只有经历了感觉上的、认知上的、心理上的、精神上的过程，才算是养育和创造了自己的生命。

二、内在生存模式的核心信念

孩子在成长过程当中受环境的影响而形成人生决定，又被父母或重要他人所认可和强化，并从生活的经验中得到验证，经过自己的选择，内化为生存方式。它的核心信念可以简单概括为对"我是什么人""我要做什么""我要去哪里""我怎样看待世界"的界定。

儿时的经历是人生决定形成的前提条件。早期经历来源于父母或重要他人以及环境的影响，包括父母的教导、从环境中捕捉到的信息、成功或失败，等等。父母慈爱与否，环境安全与否，思想自由与否，身心健康与否，家庭经济状况和执行力强弱等，均会对内在生存模式的形成产生明显的影响。

一个人早期形成的人生决定，取决于他人对他最初人生生存计划的支持程度，这在其以后的人生中一一展现。如果没有个人和外界的特别事件干预，它会走向预定的结局。内在生存模式无意识地成为一个人的内在导向，决定着一个人的人生轨迹。

第二节 内在生存模式的分类

生存环境对个体的发展有着方向性的影响。个体在与环境的交互作用中，逐步成长为社会化的自我，形成特定的生存模式。一个人的内在生存模式是积极的还是消极的，与这个人在早年社会化过程中获得的经验有很大的关联。而这种经验就是孩子成长过程当中所累积的情绪性经验，来源于成长过程当中重要他人的影响。

外部生存环境有很多不可控因素，会与自己的内在需求发生冲突，影响着一个人的心理状态，使一个人出现不同的情绪性经验。个体通过这样的情绪性经验为自己的存在做出决定，即为适应环境求生存而形成的对待生活事件的态度，逐步形成生存策略。这决定了一个人生存的方式，即决定了一个人的内在生存模式。这些早期决定如果在后来的生活中没有被重塑，就会持续影响一个人日后的生活。

如果孩子的外在生存环境是积极的、健康的，孩子就会形成积极的内在生存模式，反之则会形成消极的内在生存模式。这就是环境的力量。

一、积极的内在生存模式

孩子在成长过程中，大都有一位或几位重要他人来照顾和养育。这里的重要他人首先应该是孩子的父母，其次才是其他的照顾者。孩子在与重要他人生活的过程中，会逐渐内化养育人的观点信念，形成自己的生存策略。父母或者孩子的其他重要他人心理健康与否，对孩子内在生存模式的影响非常大。

如果孩子有一对心理健康的父母，对孩子付出了真实的情感，孩子得到父母无条件的积极关注，感受到了父母的真爱，对父母怀有同样的信心与热爱，就会将父母的真爱内化为自己的生存模式，做出积极生存的决定，向着"做最好的自己"的方向发展，不仅对自己充满信心，并迁移到生活中的其他人身上，对社会和其他人也一样充满信心。这样的孩子通常不会出现扭曲行为，因为他不需要隐藏自己的真实情绪，不必靠不健康的行为来表达和满足自己的需求。

所谓"积极的决定"，是指灵活的有发展空间的适应性决定。如果孩子在早期经验的影响下做出了积极的人生决定，就更可能保持自信、自重与自爱，不仅信赖、热爱他所生存的世界，而且愿意为这个世界做出自己的贡献，其人生规划自然是以积极发展为底色的。如"我一定好好学习""长大一定要做一个好老师""我要当医生""爸爸妈妈不在家，他们也一样是爱我的，我也爱他们"等。这些决定积极并且富有弹性，孩子内心拥有一种可以让自己朝着有利于自身和社会发展的方向进步的潜能。他们拥有心灵的自由，不仅能够让自己快乐，而且能够创造性地为社会做贡献，能够以健康的状态对待现实生活，健康成长。

这些积极的决定又会在后来的成长过程当中被环境强化，以至于逐渐进入无意识状态，形成积极的内在生存模式。这样的孩子大多会演绎出满意而幸福的人生，虽然过程中也有可能出现不和谐的音符，但他会正确诠释，坦然面对。如果在成长中遇到了挫折，他们会很快从挫折中走出来，并能够从中吸取教训，把挫折转化为成长的资源。儿时健康成长的经历告诉他们，人生整体是光明而充满希望的，挫折只是暂时的，而且挫折能够转化为成长的资源。

二、消极的内在生存模式

如果父母自己的人生是消极而混乱的，或父母漠视孩子内在成长的需要，做出不符合孩子需要的人生决定，或是漠视孩子的情感需要，发出一系列消极且具有很强约束力的禁令，孩子则会做出"迎合环境求得生存"的人生决定，这样的决定往往是消极的，会严重影响孩子自我发展。

消极的决定可能会让孩子形成消极的内在生存模式，导致痛苦，削弱幸福感。

（一）消极决定的起源

1. 扭曲认知

心理学把对自己和环境带有偏见的观点称为扭曲认知。扭曲认知是在不知不觉中长期强化的非理性观念，一种思维的错误，它造成了处理信息过程的困难。每个人在童年的学习经验中，因为环境的影响，或多或少会形成一些扭曲认知，当这些认知成为习惯时，不仅会对个体的思维、情感、行为产生困扰，还会造成不同程度的心理问题，对自身的心理健康、人际关系等造成破坏性的影响。扭曲认知常表现为以下几种思维模式：

（1）非此即彼思维

非此即彼思维是一种要么一切，要么全无的非黑即白的思维模式。例如，本书第一章案例中的小小，因为老师的一句"你们不遵守规则，就会像小狗一样被车撞死"，就认为老师是无情、残忍的人，进而认为世界是残忍而血腥的。又如，成绩一直为 A 的优秀学生，因为一次考试失利得了 B，就认为"现在的我就是一个废物"。非此即彼的思维是完美主义的根源。当事人害怕自己出现任何失误或不完美之处，一旦出现失误或不完美状况，就会认定自己是个彻头彻尾的失败者、一无是处的废物。一些在低年级成绩较好的孩子，到了高年级成绩越来越不好，就与非此即彼的思维模式有关，这让他们失去了学习的内驱力。

(2)"选择性失明"

"选择性失明"是一种消极心理过滤现象，即以消极的视角看待事物，专注事件中的负面现象，从情境中，掐头去尾挑出一段负面的细节，反复回味并做出认知评判，然后对事件做出消极的评估。但是，这个评估是不正确的。例如，本书第三章案例中想当漫画家的小花，她认为妈妈说的"你如果不在学校好好读书，把成绩搞上去，我就坚决不会给你买漫画书，也不允许你看漫画书，你永远都别想当漫画家"，所表达的意思就是"妈妈永远不让我喜欢漫画，也不会支持我当漫画家"。这就是"选择性失明"思维，她完全忽略了妈妈最重要的思想"搞好学习，就支持和满足她喜欢漫画的需要"。她所做出的"你不让我学习漫画，我就不好好读书"的决定违背了妈妈的真实意图，显然是错误的。后来受扭曲认知的支配，小花戴上"有色眼镜"与妈妈相处，过滤掉妈妈对她的正面的、积极的言行，总是阻抗妈妈，用攻击性的情绪和行为与妈妈互动，暴力沟通。

(3) 否定正面思维

否定正面思维的人，不会积极肯定和表达自己的观点，固执地把中性感受甚至积极感受转换为消极感受，将快乐变为烦恼，并不断抱怨，希望引起他人的注意和关爱，这是他自己都无法觉察的无意识行为。如，当被他人赞美外表帅气/漂亮，或肯定工作积极时，这些人会自然而然地认为这只是别人表达友好的方式，从而将别人的赞美化解于无形。他们可能总是给自己的优点或成就泼冷水，总是感到自己的生活不如意。传递出来的信息让人感受到的总是不积极或不自信，好像要让人感觉他低调、谦虚。这是因为在成长过程当中，经常被重要他人否定和压制，社会认可需要匮乏，不能够或者是不敢准确地对事件进行正面思考。

否定正面思维包括非理性内归因和情绪化推理：

①非理性内归因。具有否定正面思维习惯的孩子，经常非理性地将环境中的负面事件归因为自己的错，认为某个负面事件的罪责在于自己，即使某件事与己无关，还是会肯定地认为，事情之所以发生，都是因为自己

的错，或者是自己的无能。例如，这类孩子在面对父母的争吵、家暴行为等时，会归因为"我是个坏孩子，都是我不好""都是我惹爸爸妈妈生气了"。这类孩子具有强烈的内疚感、负罪感，认为"我这人说话做事都非常糟糕，我是一个没有用的人，没人会真正喜欢我"。

这类孩子在内疚感、负罪感的支配下，不断鞭策自己"赎罪"，总是认为"我应该做这个""我必须做那个"，压力重重，要么灰心丧气，意志消沉；要么心生怨恨，怪罪他人。继而发展到把"应该"强加于他人，情绪波动大，对他人苛刻、发脾气。当实际表现低于预期标准时，体验到的是羞愧内疚，痛恨自己。如此长期处于心理冲突当中，身心健康受到严重影响。

孩子非理性内归因的思维模式，是通过观察环境中低自尊的人而模仿习得的。如，妈妈看到孩子的成绩单上老师写的评语，得知孩子学习不认真，她立刻自责起来"我肯定是个糟糕的母亲，看看我有多失败"；或者是怪罪他人，如大声训斥孩子和丈夫，怪罪他们丢了她的脸，而内心又充满着内疚。

非理性内归因者常见的表现就是负罪感、低自尊或自卑，总是内疚。这种思维如果不能够得到很好的调整和改变，会导致终身被"赎罪"负担困扰。

②情绪化推理。否定正面思维的另一种形式是情绪化推理，即把消极情绪当成事实的依据进行思考和推理，思维被情绪控制或完全沉浸在情绪当中，其思维逻辑是"我……肯定……"例如"我感觉内疚，那我肯定是做了错事""我感觉崩溃绝望，那我的问题肯定是无法解决的""我觉得自卑，那我肯定是个没用的废物"等。这种推理是一种误导，因为这种感觉反映的只是情绪化的想法和信念，很可能是歪曲的、不正确的。在情绪低落时出现的情绪化推理，容易扭曲地评判事实，而不会去质疑导致这种感觉的假设是否正确。如果父母总在情绪当中评判自我或孩子的意识、情绪和行为，极有可能导致孩子的思维模式出现偏差或扭曲。

情绪化推理的常见后果就是不积极。处在消极情绪中的孩子，习惯于让消极的感觉指引其行为方式，假定自己的消极情绪反映的是事情的真实状况，认为"我这么感觉，所以它肯定是真的"。被消极情绪控制的孩子，意识、行为都会不积极。父母要关注不积极的孩子的深层次心理，并引导孩子不要在情绪当中判断自我或他人的意识、情绪和行为。

长期情绪化推理会导致灾难性思维。当事人给自己贴上负面标签，用扭曲的自我认知来树立一个完全负面的自我形象。其背后的理念就是"衡量和评价一个人，以他的错误或失误为尺度"。这样的思维表现在语言上往往以"我是一个……"作为开头来描述事件或评判自己。如"爸爸说我这几天学习不认真，看来我是一个学习不认真的人"。又如，某次考试没有发挥好，则认为"我是一个笨蛋"，这样的评判让自己丧失学习内驱力，表现为厌学、旷课、辍学，甚至出现更严重的行为问题。

一些孩子在情绪化推理的影响下，会忽略发生在他身边的正面积极的事件，而专注于随时小心翼翼地迎合别人，生怕做了什么不好的事情导致别人对他产生不好的看法。如果别人善意地提出意见或建议、不同的观点，他会感受到极大的伤害而愤怒攻击。孩子如果一直维持着不切实际的负面信念，会丧失生活中大部分的快乐。

2. 扭曲情绪

扭曲情绪是无论在性质还是在程度上都与实际情境不匹配，掩饰真实情绪的情感反应。

> 在一家顾客众多的奶茶店里，一位男士突然大声喊道："服务员！你过来！"他指着面前的红茶杯子愤怒地质问服务员，说："你们的牛奶是坏的，你看看我的这杯奶茶！"
>
> 服务员一边赔着不是一边看了一下男士的奶茶杯里有红茶、柠檬片，还有牛奶，一边说："真对不起！我立刻给您换一杯。"
>
> 新红茶很快就准备好了，碟边放着新鲜的柠檬和牛奶。
>
> 服务员再把这些轻轻放在顾客面前，又轻声地说："建议您，如果放柠檬，就不要加牛奶，因为有时候柠檬酸会造成牛奶结块。"
>
> 顾客的脸一下子红了，却更加愤怒地质问服务员，说："你说这话是什么意思啊！我要投诉你侮辱顾客。"说完就匆匆走了。
>
> 旁边的一个顾客看到这一场景，为服务员打抱不平，说："明明是他的错，你为什么不直说呢？"

这位顾客表现出来的愤怒就是扭曲情绪。他自己不懂兑奶茶的要领和应该注意的问题，正常情绪应该是羞愧，而他为了掩盖自己的羞耻心，表现出对服务员的愤怒。

明明遇到了让人愤怒的事，可我们体验到的却是伤心；明明遇到了让人悲伤的事，可我们体验到的却是无助。扭曲情绪就是这样一种与此时此事不相匹配的感觉。当一个人产生扭曲情绪时，他往往会把责任推给别人，认为是别人造成了他的问题，其深层次需求是希望他人给予爱和理解。

扭曲情绪是个体在生存环境中学习到的一种常见的情绪表达方式，是某种不被允许或者被禁止的情绪的替代品，并在与他人的互动中被不断重复、强化。这样的个体处在压力情境中时，就会无意识地把事实、形象等扭曲，表达出不切合实际的情绪及内心感受。

扭曲情绪的产生与成长的环境有关。一个人从小在家庭、学校等环境中学习到的扭曲情绪，会在他长大后遇到相似情境时以条件反射的方式复现，与此同时，他有可能重新陷入早年所形成的消极生存模式中而无法自拔。

例如，丈夫遇见了痛苦事件，回到家里却隐藏自己的痛苦，而表现出愤怒的扭曲情绪，并对妻子实施家暴。妻子因为遵循"嫁鸡随鸡""家丑不可外扬"等传统观念，隐藏自己感受到的愤怒与痛苦，而表现出害怕的扭曲情绪。长此以往，丈夫在家里就会继续用扭曲的愤怒替代家暴后的羞愧和内疚。孩子在成长过程当中，目睹了父母的这些表达扭曲情绪的全过程，慢慢地学习和模仿，在自己的日常生活当中去践行，形成了自己面对事件的情绪反应模式，扭曲情绪就这样被学习并传递了。这样的孩子长大后遇到让他痛苦甚至愤怒的事件时，他表现出的扭曲情绪往往是平静，这时的平静不仅不利于问题的解决，反而会加重他内心深处的无助甚至绝望感。可是，以平静去应付类似事件是他小时候学习到的扭曲情绪，并导致他做出了消极的人生决定，除非有人帮助他觉察、正视并处理自己的真实感觉，否则，他很难从原生家庭的影响中走出来并采取建设性的方式去解决问题。

一些父母会对孩子发出各种禁止指令，比如，父母对男孩说"男孩子不许哭"，久而久之，这个男孩就学习到了"男儿有泪不轻弹"。而当男孩生气甚至砸东西时，父母却一笑了之。男孩得到的是父母允许他这样的行为的信息，就学会了以父母允许的情绪来表达自己，做出"我可以用生气、愤怒、砸东西来表达内在情绪"的决定。在以后的生活中，即使他遇到的是痛苦的事，他体验到的是伤心，也只会用愤怒来表达他内心真实的痛苦情绪。又如，有的父母认为女孩子不应该发脾气，当发现女孩生气大声吼叫、顶嘴时，就会说"女孩子不可以这样！"如果这时候女孩哭了，父母就会停止对她的批评。久而久之，女孩就学习到用伤心来表达愤怒或其他情感的策略。当遇到伤害、欺凌时，她的真实情绪是愤怒，但她只是不停地哭，不停地表达悲伤，却不会说"不许打我！"来表达愤怒。再如，当孩子感到快乐、哈哈大笑时，父母说"有什么好笑的！""不许放肆地笑！"久而久之，孩子就会屏蔽自己的快乐情绪，总是平平静静地面无表情。

　　如果一个家庭允许孩子自由表达情感，孩子长大后就能够坦然地表达自己。而如果一个家庭禁止表达某种情绪情感，孩子就会将其压抑到潜意识中，然后只去体验被允许体验与表达的感觉。久而久之，他与自己的部分情感就处于隔绝状态，用自己在生活中被允许的感觉替代真正的感觉，只去感受他"应该有"的感觉而不是他真正的感觉。

　　在陪伴孩子的过程当中，有的父母会对伤心给予特别多的关注，有的父母则会对愤怒给予更多的关注。为了能够得到父母更多的关注，孩子就会无意识地做出"只要表达父母认可的情绪，我就会得到关注"的决定，压抑或漠视不被父母认可的情绪。长大以后，他们会延续这种做法，掩盖内心真实的情绪，在这种情况下，他们表达出来的基本上都是扭曲情绪。

　　父母的不当行为，还表现为漠视孩子的真实情感，总是希望及时控制孩子的情绪与行为。如孩子玩耍时不小心摔倒了，自己受了伤，或者损坏了物品等，伤心地大哭起来。这时，陪伴者正确的做法是提供孩子此时此刻需要的关爱，拥抱他，询问他"你有没有受伤啊？""你哪里痛啊？""是不是吓着你了？"等等。待孩子平静下来，还应该引导孩子描述自己的真实情绪和当时的需求。但是，有些陪伴者不仅不去关注孩子此时此刻的真实情绪和需求，反而避重就轻，去控制孩子当下的情绪反应，要么发出禁止命令，要么恐吓孩子，要么怪罪环境、物品，如怪罪地板把孩子摔着了等。孩子得到的信息就是地板很坏，让他摔倒了，他自己是没有责任的，所以，他不应该痛苦、害怕，他应该愤怒，于是，他用愤怒情绪替代真实的害怕、伤心等情绪。在今后的日常生活中，他就学会了用愤怒等不同的情绪，替代因为自己的责任而造成的害怕、伤心，乃至内疚、羞愧的真实情绪，学会了推卸责任，怪罪他人，并且用愤怒情绪来掩饰自己，让他人受到伤害。

扭曲情绪的行为结果就是看不到事情的真相，不能真正负责任地面对生活。如果不及时给予引导和调整，扭曲情绪就会伴随孩子一生，影响孩子健康成长。终止扭曲情绪，首先要引导孩子认知什么是真实情绪，鼓励孩子勇敢表达自己的真实情绪；其次，父母应努力营造完整幸福的家庭环境，给予孩子真实的爱，构建安全、亲密的亲子关系，让孩子自信而勇敢地表达自己的意识、情绪；最后，可向专业人士寻求帮助，用心理学的技术，帮助孩子重塑自我意识，形成积极的生存模式，塑造健康的人格。

（二）消极生存模式的分类

1. 失去希望的消极生存模式

孩子心里怎么想，嘴里就怎么说，并且马上就行动。每一个动作和每一种声音表达的都是孩子内心的真实感受，并且是立即就表现出来。这样的现象出现几次以后，孩子就从不熟悉到熟悉的过程中，通过事件对自己的触动，不断进行认知转化，开始整理分析，整合成一个结果，将其内化并转化为心理的能量。如果父母传递给孩子的信息是不完整的或无体系的，孩子所整合的经验也会是残缺或偏差的，甚至是错误的，就会形成对自我、对他人、对社会的消极认知，做出"迎合环境求生存"的消极决定，长此以往就会形成失去希望的消极生存模式。

孩子如果经常受到父母的伤害，生存环境不安全，他的真实情绪就会被压抑、被屏蔽、被剥夺，心灵受到伤害。创伤经历过多的孩子，健康成长的需要长期得不到满足，为了生存，他们不得不运用学到的或自己发展出的错误行为，如敌意、逆反和拒绝，来表达自己的需求。这种失去希望的消极生存模式难以发展出良好的能力与人格，这样的孩子成年以后，会出现严重的心理健康问题和生存发展问题，最后可能会形成偏差人格，严重影响其终生幸福。

留守孩子由于成长环境的特殊性，容易形成失去希望的消极生存模式。

2. 保持希望的消极生存模式

一些孩子虽然因为童年的经历而产生了消极想法，但是他们并没有完全否定自己，还保持着获胜的希望。他们希望自我当下的行为或人生获得关注和爱，取得情感"战斗"的胜利，决定对人生保持希望。如："我绝对要把所有事情做好，不让爸爸妈妈讨厌我。""我一定要努力学习，不要让老师一直批评我。"如果父母（老师）能够关注到孩子内心深处充满希望的新起点，并给予肯定、鼓励与积极引导，调整孩子的偏差行为，就能将消极生存模式转化为积极生存模式。

第三节　保持希望的特殊行为

孩子保持希望的特殊行为，是在消极生存模式影响下的行为反应，是典型的扭曲行为。

扭曲行为掩盖了真实情感需求，用不准确或偏激的行为方式满足自己的需要，以求获得关注和爱，是扭曲认知和扭曲情绪的外在表现形式。

扭曲行为起源于孩子成长过程当中与父母的关系以及交往互动的方式。扭曲行为是孩子在特定的心境影响下发展出的应对新情境的特定方式。

孩子生活在一个缺乏爱的环境中，内心充满希望又充满自责、担心、焦虑和内疚。为了适应生存，获得关注与爱，在扭曲情绪支配下，孩子会用扭曲的行为方式表达自己的需要，多方渴求别人的认同，以减少对外在世界的畏惧与焦虑，获得安全感、价值感、成就感。

一、扭曲的完美

如果父母总是挑剔自己的孩子，比如孩子考试得了 99 分，他们的第一反应是"那一分哪里去了"，再比如总是要求孩子争第一，总是对做得已经很好的孩子有更多、更高的要求等，那么他们就是在向自己的孩子发出"要完美"的信息。在这种环境下长大的孩子，往往对自己要求很严格，并认为如果自己不完美，那就意味着自己不好，因此对完美有病态的需求。除了小时候父母给定的规矩之外，他自己还会创造很多有关完美的规则，想要覆盖所有可能性，要控制一切，要尽可能做得好上加好，要让别人无可挑剔，因此活得很累。这些孩子认为，"如果我做得完美，别人就不会批评我，并会喜欢我"。不仅如此，他们对别人也会有同样的苛求，因此人际关系会受到影响。

二、取悦别人

一个人在儿时如果只有取悦父母（养育者）才能够生存，他就会形成这样的认知："只有取悦别人，别人才不会伤害我。"个体在取悦别人的驱力影响下，会认为自己有责任让别人感觉更好，会附和别人。对这样的人而言，能被别人喜欢是一件很重要的事，他会投入很多精力让别人认可自己。但事实上，一个人不可能取悦所有人，因此这类人常常会活得精疲力尽。

父母总是希望孩子取得优异的成绩，或有好的行为表现，获得他人的肯定或赞许。父母也会因为外界对孩子的肯定与赞许而高兴，并因此嘉奖自己的孩子。在这样的家庭环境中成长的孩子，会形成"只有取悦周围的大人才能够生存，才能够被喜爱"的想法。这样的孩子往往只关注新事物，只要感受到别人对自己的赞许就可以了，而不重视结果，做事有始无终。

还有的父母总是受不了孩子的"慢节奏"，不断催促孩子"快点！"

少儿科技馆里，4岁的梦梦在运动传送装置边，不厌其烦地跑来跑去，转动把手，看小球前进、落下、再前进。一旁的妈妈烦躁地走来走去："老玩一个有什么意思？再玩这个就没时间玩其他的了！"不由分说，她拉起孩子就走。孩子则不停地挣扎回头。

我问孩子妈妈："你这是怎么了？"

妈妈烦躁地说："我自己也知道这种做法不对，但就是不能够忍受他那慢吞吞的节奏。"

妈妈接着抱怨，说："每次看到他慢吞吞地吃饭，我就在一边按捺不住地拿勺舀饭往他嘴里塞。"

这样催促乃至代劳的场景，相信我们并不陌生。一些父母总是希望孩子按大人的想法、节奏行事。其实，父母与孩子的生活节奏、生理节奏以及生命节奏都是大不相同的。孩子有自己的节奏，对他们而言，感觉最舒服、最顺畅、最有利的就是顺应自然的生理节奏。如果孩子的生活节奏过快，会影响身体的激素分泌，对身体和心理都会造成损害。

经常被打乱节奏的孩子，大都会有早熟、易烦躁、耐性差的特征，或是截然相反，表现为反应迟缓、自我压抑、对某些事物过分依赖。孩子会渐渐学会取悦他人并优先满足他人的愿望；或因无法达到父母的要求而感到自己是"坏孩子"，从而失去自信。

如果父母对孩子缺乏耐心，对孩子的节奏感觉不耐烦，总是不断地催促，要孩子加快速度，这样的孩子长大后就会有比较明显的"要快点！再快点！"的表现。从外表看，他会比一般人动作快，说话快，做事快，总是希望自己在别人还没有开始的时候就完成任务，因此效率会比较高。与此同时，他会表现出特别怕迟到，怕耽误了什么，确信自己无论做什么都应该马上就成功；他会要求自己在很短的时间内做很多的事，会因为着急而打断别人的谈话，总是超负荷地工作，天天疲于奔命，难以专注。这样的人，如果别人交给他一个任务，他会很快完成，而关注下一件事情。如此匆忙地做事，因为思维涣散、欠考虑，结果常会留下一大堆麻烦。

三、扭曲的勇敢

一些父母漠视孩子内心害怕、恐惧等真实情感，总是对孩子说"你要勇敢"，长此以往，孩子就会形成"我只要勇敢了，他们就会喜欢我"的扭曲认知，抑制内心害怕、恐惧等真实情感，表现出不符合年龄特征的坚强、勇敢。这类孩子会不顾（也没有人引导和帮助他们辨别，只是盲目地模仿）潜在的负面后果与危险，做出自认为勇敢的事情来保护自己或者展示自己的能力，引起别人的注意。他们具有明显的情感缺失，特别爱冒险，没有对错误的觉察与判断能力（比如对抢别人东西不会觉得愧疚），当他们的攻击行为受到阻抗时，内心会产生巨大的恐惧，在这巨大的恐惧下面，他们会爆发出更加冒险的攻击。他们往往是将怯弱转化为身体上的蛮勇，忽视道德的约束，违背道德规范，缺乏规则与边界，缺乏塑造正确价值观的机会，因为父母没有给他们提供足够规范的约束。不管是遵守法律的意识还是社会需要的道德水准，都没有内化为他们自我概念的一部分，没有形成规范的自我约束体系，这些都会导致犯罪的发生。

扭曲行为是孩子隐藏沟通的表现，强化了孩子的扭曲情绪。表面假装做一件事，实际在做另一件事，是扭曲情绪的外在反应与强化。孩子的扭曲行为如果没有得到及时引导和帮助，会强化错误的生存策略，严重时会形成偏执型人格障碍。

一个孩子如果拥有强大健全的人格和积极面对一切的品质，就能享受成功的人生。健康的人格是非常重要的。

个体有种先天的能力来理解生活中引起自己痛苦和失意的方方面面的经验，这样一种理解会探查那些由于具有威胁性而使他对自己遮蔽起来的、深藏于自我意识之下的经验。这种能力表现为一种倾向，即当事人能够用更加成熟的方式重新组织他的人格，组织自我与生活的关系。不管我们说它是一种成长的倾向，一种自我实现的驱动力，还是前进的趋向，它都是当事人生活的主要推动力，并且，归根结底，它是所有的心理治疗所必须依赖的倾向。这种倾向可能深埋在心理防御的一层又一层的硬壳之下；可能隐藏在精致的面具之后，这种面具是对自我实现倾向的否定和拒绝。但是，它确实存在于每个个体之中，并且只有在适当的条件下才会得到释放和表现。

  关爱孩子健康成长，要从提供健康成长所缺失的因素入手，促进孩子整合发展。父母应运用整合型思维，认知成长中的内驱力、环境的影响力、资源的支持力、个体的源动力，整合成孩子成长的发展力。敞开心扉，从不同的视角去看待我们的过去和未来，将我们的各种体验整合，接纳新信息，重新审视我们的内在生存模式，才能更幸福、更健康。

参考文献

阿德勒. 阿德勒心理学［M］. 康源, 盛宁, 译. 北京: 台海出版社, 2018.

阿德勒. 儿童的人格教育［M］. 张庆宗, 译. 上海: 华东师范大学出版社, 2016.

阿伦森. 社会性动物（第九版）［M］. 邢占军, 译. 上海: 华东师范大学出版社, 2007.

安德森. 认知心理学及其启示（第7版）［M］. 秦裕林, 程瑶, 周海燕, 等译. 北京: 人民邮电出版社, 2012.

巴斯. 进化心理学: 心理的新科学（第二版）［M］. 熊哲宏, 张勇, 晏倩, 译. 上海: 华东师范大学出版社, 2007.

鲍温. 不抱怨的世界［M］. 陈敬旻, 译. 西安: 陕西师范大学出版社, 2009.

贝德尔, 布利克, 斯坦利. 变态心理学［M］. 袁立壮, 译. 北京: 机械工业出版社, 2013.

伯恩. 人间游戏: 人际关系心理学［M］. 刘玎, 译. 北京: 中国轻工业出版社, 2014.

伯恩. 人生脚本: 说完"你好", 说什么？［M］. 周司丽, 译. 北京: 中国轻工业出版社, 2016.

布尔戈. 超越羞耻感: 培养心理弹性, 重塑自信［M］. 姜帆, 译. 北京: 机械工业出版社, 2020.

布兰登. 自尊的六大支柱［M］. 王静, 译. 北京: 机械工业出版社, 2021.

布罗克曼. 心智［M］. 黄珏苹, 邓园, 欧阳明亮, 译. 杭州: 浙江人民出版社, 2019.

车广吉, 丁艳辉, 徐明. 论构建学校、家庭、社会教育一体化的德育体系——尤·布朗芬布伦纳发展生态学理论的启示［J］. 东北师大学报（哲学社会科学版），2007.

车文博. 人本主义心理学［M］. 杭州：浙江教育出版社，2003.

弗雷德里克森. 积极情绪的力量［M］. 王珺，译. 北京：中国人民大学出版社，2010.

高觉敷. 教育心理［M］. 福州：福建教育出版社，2007.

戈尔茨坦. 认知心理学：心智、研究与你的生活（第3版）［M］. 张明，等译. 北京：中国轻工业出版社，2015.

戈尔曼，圣吉. 三重专注力：如何提升互联网一代最稀缺的能力［M］. 倪韵岚，译. 北京：机械工业出版社，2017.

海韵，黄慧贤，王慧辉. 家庭教育问题成因研究成果（第一卷）［M］. 北京：中国商业出版社，2010.

郝颖. 大学生学习内驱力的激发和引导研究［J］. 中国成人教育，2009（21）.

黄锦敦. 陪孩子遇见美好的自己：儿童·游戏·叙事治疗［M］. 台北：张老师文化事业股份有限公司，2012.

加藤谛三. 情感暴力［M］. 井思瑶，译. 南京：江苏凤凰文艺出版社，2017.

蒋艳红，沈玉兰. 支持儿童自主成长的策略研究［J］. 人民教育，2023（6）.

卡尔. 积极心理学：有关幸福和人类优势的科学（第2版）［M］. 丁丹，译. 北京：中国轻工业出版社，2013.

科兹比，贝茨. 心理与行为科学研究方法（第11版）［M］. 张彤，译. 北京：机械工业出版社，2014.

库恩，等. 心理学导论：思想与行为的认识之路（第11版）［M］. 郑钢，等译. 北京：中国轻工业出版社，2007.

李思圆. 生活需要仪式感［M］. 济南：山东文艺出版社，2017.

李维榕. 为家庭疗伤（上册）［M］. 太原：希望出版社，2010.

利伯曼. 社交天性：人类社交的三大驱动力［M］. 贾拥民，译. 杭州：浙江人民出版社，2016

林崇德，李其维，董奇. 儿童心理学手册（第六版）（第一卷）（上）［M］. 上海：华东师范大学出版社，2015.

林崇德. 发展心理学［M］. 北京：人民教育出版社，1995.

刘翔平. 自尊有毒［M］. 北京：中信出版社，2014.

罗杰斯. 论人的成长（第二版）［M］. 石孟磊，邹丹，张瑶瑶，译. 北京：世界图书出版有限公司北京分公司，2018.

马斯洛. 需要与成长：存在心理学探索（第 3 版）［M］. 张晓玲，刘勇军，译. 重庆：重庆出版社，2018.

马斯洛. 动机与人格［M］. 许金声，等译. 北京：中国人民大学出版社，2012.

马斯洛. 马斯洛说完美人格［M］. 高适，编译. 武汉：华中科技大学出版社，2012.

迈尔斯. 社会心理学（第 11 版）［M］. 侯玉波，等译. 北京：人民邮电出版社，2016.

梅迪纳. 让大脑自由（经典版）［M］. 杨光，冯立岩，译. 杭州：浙江人民出版社，2015.

米瑟兰迪诺. 人格心理学［M］. 黄子岚，何昊，译. 上海：上海社会科学院出版社，2014.

米歇尔. 棉花糖实验：自控力养成圣经［M］. 闫欢，任俊，译. 北京：北京联合出版公司，2016.

尼夫. 告别低自尊，重建自信［M］. 董黛，译. 北京：机械工业出版社，2021.

欧嘉瑞，安妮卡，罗南. 人际沟通分析——TA 治疗的理论与实务［M］. 黄珮瑛，译. 成都：四川大学出版社，2006.

帕特森. 家庭治疗技术［M］. 方晓义，等译. 北京：中国轻工业出版社，2004.

普劳特，布朗. 儿童青少年心理咨询与治疗：针对学校、家庭和心理咨询机构的理论及应用指南［M］. 林丹华，等译. 北京：中国轻工业出版社，2002.

乔拉米卡利，柯西. 共情的力量［M］. 王春光，译. 北京：中国致公出版社，2019.

切卡莱丽，怀特. 心理学最佳入门（原书第 2 版）［M］. 周仁来，等译. 北京：中国人民大学出版社，2013.

塞利格曼. 持续的幸福［M］. 赵昱鲲，译. 杭州：浙江人民出版社，2012.

沈静涛. 需要层次理论与 ERG 理论的差异性研究［J］. 吉林广播电视大学学报，2010（7）.

舒尔茨 D，舒尔茨 S. 人格心理学：全面、科学的人性思考（原书第 10 版）

［M］. 张登浩，李森，译. 北京：机械工业出版社，2016.

斯奈德，洛佩斯. 积极心理学：探索人类优势的科学与实践［M］. 王彦，等译. 北京：人民邮电出版社，2013.

宋天天. 孩子的心思你要懂：家庭教育心理学［M］. 北京：企业管理出版社，2012.

孙瑞雪. 捕捉儿童敏感期［M］. 北京：中国妇女出版社，2013.

孙瑞雪. 完整的成长：儿童生命的自我创造［M］. 北京：中国妇女出版社，2014.

伍尔福克. 教育心理学（第十版）［M］. 何先友，等译. 北京：中国轻工业出版社，2008.

武志红. 为何家会伤人［M］. 北京：北京联合出版公司，2018.

西格尔，布赖森. 全脑教养法：拓展儿童思维的12项革命性策略［M］. 周玥，李硕，译. 杭州：浙江人民出版社，2013.

西格尔，哈策尔. 由内而外的教养：做好父母，从接纳自己开始［M］. 李昂，译. 杭州：浙江人民出版社，2013.

西格尔. 青春期大脑风暴：青少年是如何思考与行动的［M］. 黄珏苹，译. 杭州：浙江人民出版社，2015.

西格尔. 情绪勒索［M］. 李菲，译. 北京：文化发展出版社，2017.

邢一麟. 行为心理学［M］. 北京：中国华侨出版社，2013.

杨丽珠. 儿童青少年人格发展与教育［M］. 北京：中国人民大学出版社，2014.

杨眉，欧嘉瑞. 人际沟通分析学：一种有效提升交往能力的心理学理论［M］. 北京：中国人民大学出版社，2013.

虞青. 积极思考的力量［M］. 北京：光明日报出版社，2012.

后 记

三年前，团队在做"基于大数据的青少年心理健康动态监测体系研究"这个课题时发现，面对日益增多的心理问题，我们的很多青少年朋友无助且无力摆脱，家长、老师更多的是痛心而又无措。我们萌发了一个念头：能不能有预见性地帮助我们的孩子提升、集聚成长的力量？于是就有了出版这一套丛书的初心。我们开始从课题研究数据着手，更加深入地探寻孩子成长的力量的源头，希望能够让家长、老师明白应该从什么地方入手，来帮助孩子累积成长的积极心理资源。

我们从培养孩子成长的内驱力开始，到重视父母对孩子的影响力、改善外在家庭环境，再到帮助孩子培养持久的发展力，为青少年的心理发展构建了稳定的"三力"模型。期望家长朋友们能通过对本套丛书的阅读和实践练习，更有效地陪伴孩子，引导和帮助孩子建立强大的内心，完善自我，幸福成长。

在此真诚感谢一直关心和支持本套丛书写作和出版的各位朋友和同仁，特别是你们对本套丛书出版提出的宝贵的专业建议，让我们深受鼓舞！因时间仓促，难免有错误疏漏之处，还请各位读者不吝赐教！由于人力、物力有限，我们在对影响孩子成长的外部因素研究方面也还有欠缺，有待后续进一步研究。

每一个孩子都希望自己能快乐成长，每一对父母都期待自己的孩子能健康、快乐、成才。希望我们的努力，有助于更好地引导孩子幸福、健康、快乐成长！

本书编写组
2023 年 8 月 18 日

编委简介

胥执东：绵阳市教育和体育局二级调研员、绵阳市社会心理服务体系建设专家、"基于大数据的青少年心理健康动态监测体系研究"课题组组长。

刘　洋：中学高级教师、国家三级心理咨询师、高级生涯规划师、中国心理团体拓展培训师、绵阳市优秀心理辅导员、绵阳市教体系统社会心理服务体系建设专家。

彭艳蛟：专职心理教师、西南大学心理健康教育硕士、心理咨询师、婚姻家庭咨询师、生涯规划师、绵阳市教体系统社会心理服务体系建设专家。

邓　剑：教育学硕士、国家二级心理咨询师、绵阳市社会心理服务体系建设专家、绵阳市明星心理辅导教师。

张　东：专职心理教师、北京师范大学心理健康教育硕士、在读博士、全球生涯规划师（GCDF）、绵阳市社会心理服务体系建设专家。

颜　丽：专职心理教师、国家二级心理咨询师、沙盘游戏心理咨询师、家庭教育指导师、生涯规划师、绵阳市教体系统社会心理服务体系建设专家。

成劲松：中学高级教师、国家二级心理咨询师、婚姻家庭咨询师、生涯规划指导师、家庭教育指导师、绵阳市社会心理服务体系建设专家。

谢　英：中学高级教师、心理教师、绵阳市北川羌族自治县家庭教育名师工作室领衔人、绵阳市教体系统社会心理服务体系建设专家。

张继云：心理健康指导师、家庭教育咨询服务师（中级）、阳光少年心理健康体检活动总负责人。

唐永顺：国家二级心理咨询师、高级职业规划师、绵阳市社会心理服务体系建设专家、《中小学心理健康教育实务》编委。

赵　婷：专职心理教师、绵阳市优秀心理辅导员、四川省优秀心理健康教育成果一等奖获得者，绵阳市教体系统社会心理服务体系建设专家。

编委合影

（从左到右）第一排：张继云　胥执东　张　春　张　东

第二排：唐永顺　赵　婷　彭艳蛟　邓　剑　颜　丽　谢　英　刘　洋　成劲松